DIE BIBLIOPHILEN TASCHENBÜCHER

Jörg Wagner SYRIEN

«Schatzhaus» im Hof der Omaijadenmoschee in Damaskus

Jörg Wagner

SYRIEN

Reiches Erbe einer Kulturlandschaft

Orbis Edition

Orbis Edition
DIE BIBLIOPHILEN TASCHENBÜCHER
Sonderausgabe 1999
Orbis Verlag in der Verlagsgruppe Bertelsmann GmbH

Printed in Slovenia
ISBN 3-572-10031-3

INHALT

Frühlingsfeld am Rande der Wüste bei Kasr Ibn Wardan

ZWISCHEN ORIENT UND OKZIDENT

Die geographische Lage zwischen Asien, Afrika und dem Mittelmeerraum hat Syrien zu einer Brücke zwischen den Völkern gemacht, zugleich wurde seine Geschichte vom Gegensatz zwischen Abendland und Morgenland geprägt. Über Jahrtausende nahm Syrien regen Anteil am Austausch der Kulturen. Bedeutende Handelswege verliefen durch das Euphrattal und, nach der Domestizierung des Dromedars, auch über Palmyra durch die Syrische Wüste. Über die Seidenstraße und die Weihrauchstraße gelangten mit Edelsteinen, Gold, Perlen, Stoffen, Gewürzen, Lavendel, Sandelholz und Weihrauch gewinnbringende Luxusgüter aus China, Indien, Persien, Arabien und Ägypten nach Syrien und in die phönikischen Hafenstädte. Dabei lag die Leistung Syriens nicht allein in der Vermittlung der Handelsgüter; es beteiligte sich auch mit eigenen Produkten seiner Landwirtschaft und seines Kunsthandwerks an diesem Warenaustausch.

Seit dem 3. Jahrtausend v. Chr. dominierte in Syrien eine semitische Bevölkerungsschicht, deren Herkunft in den syrisch-arabischen Steppen- und Wüstenlandschaften zu suchen ist. Aus diesen Gebieten wanderten um 1200 v. Chr. mit den Aramäern weitere semitische Stämme in das syrische Kulturland ein. Ihnen folgten später und in immer neuen Wellen die Araber, die in Syrien seßhaft wurden und in einigen Randgebieten – wie im Hauran und in Palmyra – die Herrschaft übernahmen, bevor die Machtübernahme der Omaijaden im 7. Jahrhundert n. Chr. dem ganzen syrischen Raum eine verstärkte Arabisierung brachte.

Neben den semitischen Stämmen sind andere Zuwanderer zu nennen: die vorderasiatischen Hurriter, die kleinasiatischen Hethiter und die «Seevölker» vom Balkan, die erst in Ägypten gestoppt und zum Teil in Syrien angesiedelt wurden. Hinzu kamen zahlreiche Fremde als Händler, Beamte oder Soldaten ins Land. Dank der Zuwanderer aus der Ägäis, Kleinasien, Ägypten, Mesopotamien, Persien und schließlich aus dem gesamten griechisch-römischen Mittelmeergebiet entwickelte sich in Syrien eine große ethnische, kulturelle und sprachliche Vielfalt. Die Einwanderer wurden zwar weitgehend assimiliert, brachten aber viel von ihrem Kulturgut und ihren Vorstellungen in die syrische Gesellschaft ein. Am Ende dieser Entwicklung standen die «Syrer», eine Bevölkerung, die diese verschiedenen Traditionen aufgenommen und mit schöpferischer Kraft zu einer eigenen syrischen Kultur umgeformt hat.

Seit Jahrtausenden trafen in Syrien die Herrschaftsansprüche der Großmächte zusammen: Die mesopotamischen Dynastien, die ägyptischen Pharaonen, die hethitischen Großkönige, die assyrischen und babylonischen Könige, die persischen «Könige der Könige» , die Römer und Parther, die Byzantiner und Sasaniden haben versucht, ihren Machtbereich auf Syrien auszudehnen. In seiner altorientalischen Geschichte ist es Syrien nie gelungen, einen unabhängigen Staat aufzubauen. Weder Mari noch Ugarit konnten in ihrer Blütezeit ganz Syrien vereinigen, nur die Könige von Ebla wurden von den Hochkulturen am Euphrat und am Nil für kurze Zeit als gleichrangige Partner akzeptiert. Zu allen Zeiten war das Land in zahlreiche Fürstentümer und Stadtstaaten aufgesplittert, dazwischen lagen weite Landschaften, in denen sich die Nomaden der Eingliederung in einen Territorialstaat widersetzten.

Der syrische Staatenpluralismus begünstigte das Eingreifen der auswärtigen Mächte, die immer wieder versuchten, unter ihrer Herrschaft die Kleinstaaten Syriens zu einer größeren politischen Einheit zu verschmelzen. Fremde Heere schlugen auf syrischem Boden bedeutende Schlachten, was besonders für die Schlacht von Kadesch (1285 v. Chr.) gilt, in der zum ersten Mal in der Militärgeschichte massierte Streitwagengeschwader zum Einsatz kamen. Sowohl der hethitische Großkönig Muwatalli als auch der ägyptische Pharao Ramses II. feierten in der Heimat diese Schlacht als großen Erfolg. Allerdings konnte keine der beiden Mächte die erstrebte Vorherrschaft über Syrien erringen, das auf der Höhe von Homs in zwei Interessenssphären aufgeteilt wurde.

Im Jahre 333 v. Chr. vernichtete Alexander der Große das Perserreich, und wenig später wurde Syrien zum Herzstück des Seleukidenreiches ausgebaut, das sich von Kleinasien bis an den Indus erstreckte. Im ganzen Reich, vor allem aber in Nordsyrien entstanden nach griechischem Vorbild geplante Städte, die zu Zentren einer Verschmelzung der Kulturen werden sollten. Es gelang den Seleukiden, in einem nie gekannten Ausmaß den Orient und den Okzident miteinander zu verbinden, doch scheiterte diese Vision Alexanders und seiner Nachfolger trotz guter Ansätze: Mitte des 2. Jahrhunderts v. Chr. hatten die iranischen Parther die Seleukiden bis an den Euphrat zurückgeworfen, 64 v. Chr. wandelte Pompeius Syrien in eine römische Provinz um.

Durch Seleukiden, Römer und Byzantiner stand Syrien mehr als 1000 Jahre unter dem politischen und kulturellen Einfluß westlicher Großmächte. Insbesondere die römischen Statthalter, die in Antiocheia am Orontes residierten, erschlossen die neue Provinz durch Straßen- und Brückenbauten, förderten die Landwirtschaft, die mit Hilfe von Zisternen und Bewässerungsanlagen das Kulturland wesentlich erweitern konnte, so daß Syrien zu einer der Kornkammern des Römischen Reiches wurde, und steckten viel Energie in die Verteidigung dieses neuen Kulturlandes gegen die Beduinen.

Außerhalb der großen Städte dominierte die alte orientalische Tradition und büßte auf dem Land kaum etwas von ihrer Lebenskraft ein. In nahezu allen Bereichen dominierte trotz starker westlicher Einflüsse das einheimische syrische Element. Das wird zum einen besonders im Bereich der Sprache deutlich, denn die griechische Amtssprache wurde nur von einer dünnen Oberschicht gesprochen, während das Aramäische bis zur Machtübernahme durch die Araber die tägliche Umgangssprache blieb. Zum anderen kam es mit Beginn des 3. Jahrhunderts auch in den Städten zu einer verstärkten Reorientalisierung. Diese war nicht mehr aufzuhalten, seit die in Emesa (Homs) geborene Kaiserin Iulia Domna und die syrischen Kaiser Elagabal, Severus Alexander und Philippus Arabs in Rom regierten. Gleichzeitig verbreiteten sich orientalische Kulte im Römischen Reich, und überall entstanden Stützpunkte syrischer Kaufleute.

Eine weitere prägende Kraft ging vom jungen Christentum aus: In Syrien wurde der Christenverfolger Saulus zum Apostel Paulus, in Ma'lula liegt das Grab der Hl. Thekla, die als Schülerin des Paulus und als erste christliche Märtyrerin gilt. Damaskus wurde nach der Zerstörung Jerusalems im Jahre 70 zum Zentrum der christlichen Missionstätigkeit und spielte eine große Rolle in den Richtungskämpfen innerhalb der jungen Kirche. In Antiocheia am Orontes schließlich wurden die Anhänger des neuen Glaubens zum ersten Mal «Christen» genannt, und in Bostra diskutierte der Mönch Bahira mit Mohammed, der mit einer Karawane aus Mekka gekommen war, über die christlichen Glaubensgrundsätze.

In der Schlacht am Yarmuk zerbrach im Jahre 636 die byzantinische Herrschaft über Syrien unter den Hufen eines arabischen Reiterheeres. Die Omaijaden verlegten das Kalifat von Medina nach Damaskus und beherrschten von 661 bis 750 ein muslimisches Weltreich, das vom Atlantik bis zum Indus und vom Kaspischen Meer bis zum Golf von Aden reichte. Die Omaijaden garantierten Besitzstand und Glaubensfreiheit ihrer christlichen Untertanen, was für diese nach den Kirchenkämpfen des 6. Jahrhunderts ein unerwarteter Segen war. Zudem erhoben die Omaijaden niedrigere Steuern als die Byzantiner, behielten aber Bewährtes wie die spätantike Stadtkultur und die byzantinische Verwaltung bei. Militärischer Träger ihres Reiches waren aber die syrischen Nomadenstämme, die in den Weidegebieten zwischen den Stadtterritorien eine neue Existenzgrundlage fanden, die sie durch die reiche Beute der omaijadischen Feldzüge noch aufbessern konnten.

Mit der Dynastie der Omaijaden endete nach mehr als 1000 Jahren der Versuch eines Ausgleichs zwischen Orient und Okzident. Das Kalifat wurde von Damaskus nach Bagdad verlegt, das zum kulturellen und politischen Zentrum der islamischen Welt aufstieg und sich militärisch in erster Linie auf Persien stützte. Die Abbasiden in Bagdad (750–1258) betrachteten trotz des kurzen Zwischenspiels unter dem Kalifen Harun ar-Raschid, der von 796 bis 808 im syrischen Rakka residierte, Syrien nur noch als eine Provinz unter vielen. Gleiches kann man auch ihren ägyptischen Konkurrenten unterstellen, den Fatimiden (909–1171), die in ihrer Hauptstadt Kairo ein Gegenkalifat ausriefen. Die hochrangigen Positionen in Militär und Verwaltung, die unter den Omaijaden weitgehend mit Syrern besetzt waren, wurden in den nächsten Jahrhunderten mehr und mehr von Persern und Ägyptern eingenommen.

Die Kreuzzüge und die Gründung christlicher Staaten durch fränkische Fürsten und Ritter rückten Syrien im 11. bis 13. Jahrhundert wieder in den Mittelpunkt des Geschehens. Diese Jahrhunderte des Kampfes um das Heilige Land, die untrennbar mit Namen wie Gottfried von Bouillon, Friedrich Barbarossa, Richard Löwenherz und Saladin verbunden sind, waren geprägt von Krieg und Zerstörung, gleichzeitig fand aber auch ein kulturgeschichtlich bedeutender Austausch zwischen Europa und dem Orient statt. Trotz der immer wieder aufflammenden Kriege nahmen Handel und Gewerbe in Syrien einen großen Aufschwung, da die Kreuzfahrer den syrischen Kaufleuten die europäischen Märkte öffneten. Zugleich siedelten sich Tausende von Kreuzfahrern in Syrien an und wurden in ihrer arabischen Umwelt in wenigen Generationen zu Syrern.

Heute ist die Zeit der Kreuzfahrer in Syrien noch mit einigen Kirchen wie der Marienkathedrale von Tartus und mit eindrucksvollen Burgen präsent. Von diesen wurden die großen Anlagen Kal'at Sahyun, Kal'at al-Markab und Krak des Chevaliers von den Mamluken (1260–1516) erneuert und weiterhin militärisch genutzt. Unter den Osmanen (1516 bis 1918) allerdings war mit keiner äußeren Bedrohung mehr zu rechnen, so daß auch die letzten Burgen verlassen wurden und allenfalls der ländlichen Bevölkerung als Unterschlupf dienten. Erst die französische Mandatsmacht (1918–1941), die im Jahre 1927 den Krak des Chevaliers erwarb und renovierte, nahm sich in politisch motivierter Traditionspflege wieder der Kirchen und Burgen der Kreuzfahrer an.

Nach der grenzenlosen Euphorie des Sieges der von Feisal von Mekka und Lawrence von Arabien geführten arabischen Truppen über die Türken brachten die Verhandlungen in Versailles eine große Enttäuschung. Die am 1. Dezember 1918 ausgerufene konstitutionelle Monarchie unter Feisal wurde von den Siegermächten negiert und Frankreich das Mandat über Syrien übertragen. Dieses stand von Anfang an unter einem ungünstigen Stern, was durch die Worte General Gouraulds am Grab des großen Saladin noch bestärkt wurde: «Ma présence ici consacre la victoire de la croix sur le croissant (Meine Anwesenheit hier bestätigt den Sieg des Kreuzes über den Halbmond).» Erst nach der Abtrennung des Libanon (1920) und nach dem Verlust des Gebietes von Antakya an die Türkei (1939) konnten die Syrer mit dem 15. April 1946 ihr Schicksal selbst bestimmen.

STADTSTAATEN DES ALTEN ORIENTS

Im «Fruchtbaren Halbmond», der im Altertum in einem weiten Bogen von Palästina über Nordsyrien und Mesopotamien bis an die Mündung des Euphrats reichte, sind bereits für das 9. Jahrtausend v. Chr. menschliche Siedlungen belegt. Die Nahrungsversorgung wurde nur noch zu einem Teil von Jägern und Sammlern bestritten und basierte überwiegend auf einer geregelten Ackerbauwirtschaft, zu der in den nächsten Jahrtausenden die Nutztierhaltung hinzukam. Der weitere Fortschritt zeigte sich in technischen Innovationen wie Töpferscheibe und Webstuhl, die im 6. Jahrtausend in Syrien bezeugt sind, sowie in neuen Techniken der Steinbearbeitung. In einigen Städten am Euphrat wichen die alten Rundbauten (Bienenkorbhäuser) rechteckigen und mehrräumigen Lehmziegelhäusern, die mit der Zeit in verschiedene Funktionsbereiche (Vorratshaltung, Kochen, Wohnen und Schlafen) aufgegliedert wurden.

Im 4. Jahrtausend kam es zur Entstehung großer Städte mit prächtigen Palästen und Tempeln wie im syrischen Habuba-Kabira am Euphrat. Zu dieser Zeit hatten die Sumerer im Zweistromland zur Kontrolle des Handels in ihren Städten eine Keilschrift entwickelt, die im 3. Jahrtausend auch Syrien in einen einheitlichen mesopotamisch-syrischen Kulturbereich einbezog, indem die semitischen Stämme lernten, mit dieser Keilschrift ihre Sprachen zu schreiben und ihre Geschichte aufzuzeichnen.

Politisches Kennzeichen dieser Epoche war der Partikularismus, der sich in einem bunten Nebeneinander von Kleinkönigreichen, Stadtstaaten und Stammesgebieten manifestierte. So kann nicht überraschen, daß die syrische Frühgeschichte von Grabung zu Grabung zwar nicht neu geschrieben, aber doch immer wieder umgeschrieben werden mußte. Neben anderen stehen dafür die bedeutenden Grabungen in Ugarit (seit 1928) und in Mari (seit 1933) sowie vor allem die seit 1964 laufenden Ausgrabungen in Ebla, die zur Entdeckung eines bis dahin unbekannten Imperiums führten.

Der bedeutendste Fund an Schriftzeugnissen dieser Epoche gelang 1975 italienischen Archäologen mit der Entdeckung des königlichen Palastarchivs von Ebla (Tell Mardikh), das mehr als 20 000 Keilschrifttafeln aus der Zeit von 2400 bis 2250 v. Chr. umfaßte. Die Tontafeln standen in Holzregalen und waren nach inhaltlichen Kriterien geordnet: internationale Beziehungen, Staatstribute, Handel und Wissenschaft. Besonders aufregend sind vielleicht die wissenschaftlichen Texte, die das hohe Niveau der Akademie von Ebla belegen, der wir die ersten zweisprachigen (eblaitisch-sumerischen) Wörterbücher der Welt verdanken. Die große Masse der Texte entfällt auf den Bereich des Handels: Auf rechteckigen Tafeln sind die Exportwaren aufgelistet, runde Tafeln dagegen den Importwaren vorbehalten. Aus diesen Texten lernen wir eine blühende Land- und Viehwirtschaft kennen, darunter interessante Einzelheiten wie die Tatsache, daß die Eblaiter bereits Olivenbaumkulturen besaßen. Daneben lag der Schwerpunkt der eblaitischen Wirtschaft auf der Metall- und Edelsteinverarbeitung, und auf der Textilproduktion sowie auf der Kontrolle der internationalen Handelswege bis an die Küste des Mittelmeeres und in den mesopotamischen Raum. Unter den Handelspartnern von Ebla finden sich die Insel Zypern, die vor allem Kupfer lieferte, Ägypten, aus dem Ebla große Mengen an Gold erhielt, Palästina und das Euphrat-Tigris-Gebiet bis zum Iran.

Zur Sicherung seiner Handelswege knüpfte Ebla ein enges diplomatisches Netz und schloß Verträge mit Nachbarstaaten wie Assur, die die Grabungsstätte auf dem Tell Mardikh in das Zentrum eines Imperiums rücken. Notfalls führte Ebla aber auch Kriege gegen Konkurrenten wie Assur und Mari. So enthält das Palastarchiv die Siegesmeldung, die der eblaitische General Enna-Dagan nach der Eroberung von Nordostsyrien und Mari in die Heimat schickte (2650 v. Chr.). Mari mußte mehrere Provinzen an Ebla abtreten sowie den hohen Tribut von 150 Kilogramm Gold und einer Tonne Silber entrichten. Insgesamt aber hatte Ebla mit diesen weitreichenden Feldzügen seine Kräfte überspannt, denn in den Texten des letzten Königs sind plötzlich jährliche Inflationsraten von etwa 20 Prozent an der Tagesordnung, unmittelbar bevor Ebla – ebenso wie Mari – um 2250 v. Chr. von den Akkadern vernichtet wurde.

In Mari (Tell Hariri) legten die französischen Ausgrabungen ebenfalls eine vorakkadische Palastanlage frei, aus deren Blütezeit die herausragenden «Beterstatuetten» von Priestern und Opfernden, eine eindrucksvolle Statuette des Königs Lamgi-Mari und ein Sitzbild des Sängers Urnansche stammen. Die Musikanten von Mari waren – nach Keilschrifttexten zu urteilen – hervorragend geschult und genossen weit über ihre Heimat hinaus einen ausgezeichneten Ruf. So ist ein Brief des assyrischen Herrschers Shamsi-Adad mit der Weisung erhalten, Sänger und Sängerinnen aus Mari zum König von Karkemisch zu schicken.

Anders als Ebla konnte sich Mari dank der Zolleinnahmen aus dem Warenverkehr vom Persischen Golf zum Mittelmeer noch einmal erholen. Der gewaltige Palast von König Zimri-Lim (1782–1759 v. Chr.) war mit über 300 Räumen ein Weltwunder seiner Zeit. So äußerte der König von Ugarit in einem Schreiben die Hoffnung, diesen Palast einmal sehen zu können. Vom reichen Palastinventar konnten eindrucksvolle Statuen einer wasserspendenden Göttin und des Königs Istup-Lim freigelegt werden, ebenfalls ein farbiges Wandbild mit der Inthronisation des Königs Zimri-Lim durch die Göttin Ischtar. Im Archiv hatten sich wieder über 30 000 Keilschrifttafeln in akkadischer Sprache angesammelt, als die Stadt 1759 v. Chr. von Hammurabi zerstört wurde. Mari geriet ebenso wie Ebla, das um 1600 v. Chr. aufgegeben wurde, in Vergessenheit.

Mit dem Ende von Ebla und Mari verlagerte sich das kulturelle und wirtschaftliche Zentrum Syriens endgültig an die Mittelmeerküste. Dort stand mit Ugarit (Ra's Shamra) ein Stadtstaat in höchster Blüte, dessen semitisch-kanaanitische Bevölkerung sich unter dem Schutz der hethitischen Großkönige beste wirtschaftliche Kontakte schaffen konnte. In dieser Stadt, in der unterschiedliche Schriftsysteme und Sprachen aufeinandertrafen, vollzog sich eine der bedeutendsten Erfindungen in der Geschichte der Menschheit: der Übergang vom Silbensystem der sumerischen Keilschrift, die eine Kenntnis von mehreren hundert Zeichen erforderte, zu einem Konsonantenalphabet mit nur noch 30 Keilschriftzeichen. Dieses Alphabet, aus dem sich über das Griechische auch unsere Schrift entwickelte, ist auf dem berühmten «ABC-Täfelchen» aus Ugarit erhalten (heute im Museum von Aleppo).

Durch ein spitz zulaufendes Tor gelangt man in den königlichen Palast mit Verwaltungsgebäuden und Stallungen, die sich um Innenhöfe gruppieren. Auch hier waren die Archive mit ihren zahlreichen Texten zu Politik und Wirtschaft recht ergiebig, zugleich belegen Kleinfunde wie Keramik und Goldschmuck zwei Hauptwirtschaftszweige dieser Küstenmetropole. Von der breiten Hauptstraße zweigen kleinere Gassen ab, die immer schmaler werden und oft in den Wohnvierteln als Sackgassen enden, was später ein Charakteristikum der orientalischen Stadt ist. An diesen Gassen liegen dichtgedrängt die meist zweistöckigen Wohnhäuser, Geschäfte und Handwerksbetriebe. Neben seinem Kunsthandwerk verfügte Ugarit über ein zweites Standbein in der industriellen Produktion der Kupfergießereien, Purpurfärbereien und Webereien. Diese waren ebenso wie die Speicher, in denen sich die berühmten Purpurstoffe stapelten, im nahen Hafen Minat al-Baida angesiedelt.

Auf dem höchsten Punkt des Tells von Ra's Shamra lagen die Tempel des Baal und des Vegetationsgottes Dagan mit zahlreichen Priesterwohnungen, in denen Keilschrifttexte mit kultischem Inhalt gefunden wurden. Als Votivgaben sind einige Schiffsanker entdeckt worden – was zunächst überrascht, aber doch verständlich ist, wenn man bedenkt, daß die Prosperität von Ugarit von günstigen Winden für seine etwa 200 Schiffe umfassende Handelsflotte abhing. Überblickt man von den Tempeln das weite Grabungsareal mit seiner verwirrenden Vielfalt von Gassen und Mauerzügen, so wird man froh sein, vorher in den Museen von Aleppo und Damaskus die großartigen Funde aus Ugarit gesehen zu haben. Erst dann kann man die Bedeutung ermessen, die Ugarit nicht nur für die syrische, sondern auch für unsere abendländische Kultur gehabt hat.

Das Handelsimperium von Ugarit fiel um 1200 v. Chr. dem Ansturm der «Seevölker» zum Opfer; gleichzeitig löste sich auch das hethitische Großreich auf, das seit der Mitte des 14. Jahrhunderts v. Chr. die Schutzmacht für die nordsyrischen Kleinstaaten war. In dieses Machtvakuum stießen die Aramäer, Angehörige semitischer Nomadenstämme, die aus der Steppe in das syrische Kulturland vordrangen und die Fürstentümer Aram (Damaskus), Hamath (Hama) und Halab (Aleppo) errichteten. Dabei trafen die Einwanderer im Norden Syriens auf eine Bevölkerungsgruppe, die mit ihrer indogermanischen Sprache in der Tradition des hethitischen Großreichs stand und in mehrere kleine Fürstentümer zersplittert war.

Eine interessante Fürstenresidenz, deren späthethitischer Name bisher nicht gesichert ist, liegt nordwestlich von Aleppo bei 'Ain Dara. Beeindruckend ist, daß die Bildwerke aus dem 10. Jahrhundert v. Chr. nicht nur im Museum von Aleppo, sondern auch vor Ort bewundert werden können. Im fruchtbaren Tal des Afrin gelegen, war der Siedlungshügel von 'Ain Dara nur einer von vielen, bis 1954 ein Hirte einen «Löwenkopf aus Basalt» in einem Fuchsbau entdeckte. Der Zufallsfund entpuppte sich als umgestürzter Torlöwe und führte auf der Akropolis zur Freilegung einer Tempelanlage. Diese entsprach mit Portal, Vorhalle und Naos dem syrischen Bautypus des Beit Hilani, der seit dem 3. Jahrtausend in Palästen und Tempeln eine monumentale Ausprägung erfuhr und in 'Ain Dara auf drei Seiten von einer Wandelhalle umgeben wurde.

Im Gegensatz zum späthethitischen «Tempelpalast» von Guzana (Tell Halaf) oder dem Palast von Zincirli, bei denen nur die Schauseiten und Türlaibungen mit Orthostatenreliefs verkleidet wurden, ist der Tempel von 'Ain Dara rundum mit reliefverzierten Orthostaten und Tierskulpturen geschmückt, die Ende des 8. Jahrhunderts v. Chr. bei einer Brandkatastrophe sehr gelitten haben. Die umlaufenden Reliefs zeigen frontal dargestellte Löwen und Sphingen in antithetischer Anordnung, darüber stehen auf der Portalseite zwei Meter hohe Löwenskulpturen. Je zwei Laibungslöwen flankieren den Haupteingang und den Durchgang von der Vorhalle zum Naos. Die quergelagerte Vorhalle zeigt einen Basaltsockel mit Flechtbandmuster, Löwenskulpturen und durchbrochene Scheinfenster. Wichtigster Fund war aber ein Relief der Göttin Ischtar, als deren Attribute Löwe und Sphinx gelten. So dürfen wir annehmen, daß der Tempel von 'Ain Dara dieser Göttin der Liebe und des Krieges geweiht war – vielleicht in Kultgemeinschaft mit dem Berggott, der in der späthethitischen Mythologie als ihr Geliebter erscheint.

Ganz besonderes Interesse erwecken zwei riesige, stufenartig verlegte Kalksteinschwellen zwischen Portal und Vorhalle sowie eine weitere Schwelle zwischen Vorhalle und Naos. In diese Schwellen sind vier

Fußabdrücke mit der erstaunlichen Länge von jeweils einem knappen Meter eingelassen, die aus einer Parallelstellung mit zwei Schritten (links-rechts) in den Tempel hineinführen. Die übermenschliche Größe dieser Fußspuren sollte allen Tempelbesuchern suggerieren, daß diese göttlichen Ursprungs sind, und ein sichtbares Zeichen für die Anwesenheit der Gottheit im Tempel geben.

Das Vordringen der Assyrer nach Westen brachte den späthethitisch-aramäischen Fürstentümern Nordsyriens eine bewegte Zeit. Auf zahlreichen Feldzügen legten die Assyrer ihnen hohe Tribute auf und zwangen sie 853 v. Chr. zur Anerkennung der assyrischen Oberherrschaft. Zum ersten Mal in seiner Geschichte wurde Syrien zur Provinz einer östlichen Großmacht, der wenig später zunächst die Babylonier und dann die Perser folgen sollten. Persische Einflüsse lassen sich in den Städten der Mittelmeerküste feststellen, so im Quellheiligtum und in den monumentalen Grabdenkmälern von Marathos (Amrit). Im Jahre 333 v. Chr. aber begann mit der Eroberung durch Alexander den Großen eine neue Epoche, die für mehr als 1000 Jahre vom griechisch-römischen und byzantinischen Westen geprägt sein sollte.

Bei der Besichtigung altsyrischer Grabungsstätten gewinnen wir leicht den Eindruck, daß die syrische Frühzeit für die Gegenwart nur geringe Bedeutung hat. Viele Siedlungshügel sind von den Archäologen weitgehend abgetragen worden; wer sich über die frühen Kulturen informieren will, muß in die Museen von Aleppo und Damaskus gehen. Wenn wir uns aber – angezogen von den eigentümlichen Dorfsilhouetten – in den Ackerbauebenen um Aleppo die aus ungebrannten Lehmziegeln errichteten Bienenkorbhäuser ansehen, so scheint die syrische Frühzeit zum Greifen nahe. Ganze Dörfer haben bis heute diese Hausform bewahrt, wobei die Gehöfte meist aus mehreren, oft aneinandergereihten Kuppelbauten bestehen. Über quadratischen oder runden Mauersockeln erheben sich bienenkorbförmige Kuppeln, die nach Art des «falschen Gewölbes» konstruiert sind, indem die jeweils nächste Ziegelschicht etwas mehr nach innen vorkragt. Assyrische Reliefs zeigen, daß sich diese Hausform seither unverändert erhalten hat, und Grabungsbefunde lassen darauf schließen, daß bereits im 5. Jahrtausend v. Chr. die nordsyrischen Häuser bienenkorbartig überwölbt waren.

Blick über das Grabungsareal in der Wohnsiedlung von Ebla (Tell Mardikh)

Statue einer wasserspendenden Göttin aus dem Königspalast von Mari (um 1800 v. Chr.). Die reich mit Ohrringen, Armreifen und sechsfacher Halskette geschmückte Göttin trägt ein langes Gewand, das mit Fischen und Wellenlinien besetzt ist, die das überfließende Wasser symbolisieren dürften. Und in der Tat konnte Wasser aus dem Gefäß hervorsprudeln, das durch einen kleinen Wasserkanal in der Figur gespeist wurde (Nationalmuseum Aleppo).

Königspalast von Ebla, in dem Archäologen ein Keilschriftarchiv entdeckten

Blick in die Ausgrabungen von Mari (Tell Hariri), dessen Bauten aus luftgetrockneten Lehmziegeln errichtet worden sind. Kurz nach ihrer Freilegung sind die Ziegelschichten noch zu erkennen, doch setzt die Witterung den Mauern so sehr zu, daß über dem Palast des Zimri-Lim (1782–1759 v. Chr.) inzwischen ein Schutzdach errichtet worden ist.

Königspalast von Ugarit, der im 14. Jahrhundert v. Chr. festungsartig ausgebaut war

Kultisches Vorratsgefäß im Tempelbezirk von Ugarit

Kopf eines monumentalen späthethitischen Torlöwen vom Ischtar-Tempel in 'Ain Dara (10. Jahrhundert v. Chr.)

Bienenkorbhaus eines Gehöfts in der Nähe von Ebla (Tell Mardikh)

Dorf in der Ackerbauebene östlich von Aleppo, das mit seinen Bienenkorbhäusern noch ganz in der altorientalischen Tradition steht

DIE HELLENISTISCHE RESIDENZSTADT APAMEIA AM ORONTES

Nach dem frühen Tod Alexanders des Großen in Babylon (323 v. Chr.) entbrannte unter seinen Generälen der Kampf um die Herrschaft. Entschieden wurde diese Auseinandersetzung 301 v. Chr. in der Schlacht von Ipsos, in der Seleukos I. seinen Gegner Antigonos Monophthalmos aus Kleinasien verdrängte und das gesamte asiatische Alexanderreich unter seiner Herrschaft zusammenführte. Nach griechischer Tradition suchte er seiner Regentschaft durch die Gründung von Städten in den Weiten des Ostens Rückhalt zu verleihen. Seleukeia am Tigris wurde die neue Reichshauptstadt, in Syrien entstand durch weitere Städtegründungen das Machtzentrum des Seleukidenreiches. Städtenamen wie Beroia, Doliche, Kyrrhos und Pella erinnern daran, daß Nordsyrien zu einem neuen Makedonien werden sollte, doch stand bei den großen Gründungen von Seleukos I. der dynastische Gedanke im Vordergrund. So benannte er Antiocheia am Orontes nach seinem Vater, Laodikeia am Meer nach seiner Mutter, Seleukeia Pieria nach sich selbst und Apameia am Orontes nach seiner Frau.

Von diesen Städten erhob sich Apameia in beherrschender Lage an einer alten Handelsstraße über der fruchtbaren Orontesebene. Der antike Geograph Strabon von Amaseia berichtet, daß Seleukos I. diese Stadt zu einer bedeutenden Reichsfestung und zu seinem militärischen Hauptquartier ausbaute. Hier ließ Seleukos I. den seleukidischen Staatsschatz deponieren, außer den gefürchteten 500 indischen Kriegselefanten sollen nach Strabon 30 000 Stuten und 300 Hengste in den Stallungen von Apameia gestanden haben. Im Jahre 188 v. Chr. wurde in den Mauern der Stadt der berühmte Friedensvertrag zwischen dem Seleukidenherrscher Antiochos III. und den Römern unterzeichnet.

Beim Niedergang des Seleukidenreiches wurde Apameia 64 v. Chr. von Pompeius erobert, der die Zitadelle zerstören ließ und die Stadt zur neuen Provinz Syria schlug. Das änderte aber nichts am weiteren Aufschwung der Stadt, die 6/7 n. Chr. bei der auch aus dem Neuen Testament bekannten Volkszählung des Lucius Sulpicius Quirinus bereits 117000 Vollbürger zählte. Rechnet man Frauen, Kinder und Sklaven hinzu, so kommt man für Apameia mitsamt den umliegenden Dörfern auf eine Zahl von etwa 500000 Einwohnern.

Die Großstadt Apameia mit ihren starken kosmopolitischen Tendenzen wurde im Jahr 115 von einem verheerenden Erdbeben getroffen. Kaiser Traian, der diese Naturkatastrophe im benachbarten Antiocheia am Orontes miterlebt hatte, stiftete aus der kaiserlichen Schatulle große Summen für einen völligen Neuaufbau, an dem sich auch seine Nachfolger Hadrian, Antoninus Pius und Mark Aurel beteiligten. Gegen Ende des 2. Jahrhunderts wurde Apameia wieder Garnisonsstadt, in der die *legio II Parthica* ihr Winterlager bezog. Septimius Severus (193–211) und sein Sohn Caracalla (211–217) konsultierten zu Beginn ihrer Partherkriege das angesehene Orakel des Zeus Belos in Apameia und nahmen vor der Stadt eine Truppenparade ab, im Jahre 218 wurde Diadumenian in Apameia von den Soldaten der *legio II Parthica* zum Kaiser ausgerufen.

Aus der frühchristlichen Gemeinde entstand spätestens im 4. Jahrhundert ein bedeutender Bischofssitz. Allerdings entwickelte sich Apameia im 5. Jahrhundert in der täglichen Auseinandersetzung mit dem Heidentum zu einem Zentrum der monophysitischen Lehre, nach der es in der Person Jesu Christi nur eine, nämlich die göttliche Natur gibt. Damit gerieten die Monophysiten in einen Konflikt mit der herrschenden Lehrmeinung der byzantinischen Reichskirche, die in Christus eine göttliche und eine menschliche Natur verkörpert sah; ihre Auffassung wurde im Jahre 451 auf dem 4. Ökumenischen Konzil von Chalkedon als Irrlehre verurteilt.

In den folgenden Jahrhunderten wurde dieser Kirchenstreit mit so unversöhnlicher Härte ausgetragen, daß die zweimalige Eroberung und Plünderung von Apameia durch die Sasaniden (540 und 613) von der Reichskirche als Strafe Gottes «gefeiert» wurde. So verwundert es nicht, daß nach der für Byzanz vernichtenden Schlacht am Yarmuk (636) die Bürger von Apameia den arabischen Eroberern vor die Tore der Stadt entgegenzogen und diese als Befreier begrüßten. Bis in das 10. Jahrhundert residierte in Apameia ein monophysitischer Bischof, doch endete mit der arabischen Eroberung die Blütezeit der Stadt, da sich die Handelswege nach Westen verlagerten und der gewinnbringende Export der Agrarprodukte aus dem Orontestal in den Mittelmeerraum unterbrochen wurde.

In den Jahrhunderten der Kreuzzüge erlangte Apameia ein letztes Mal strategische Bedeutung. Im Jahre 1106 von dem Normannen Tankred erobert, wurde Apameia eine Grenzfestung des Fürstentums von Antiocheia, aber bereits 1149 durch Nur ad-Din von Aleppo zurückerobert. Zu diesem Zeitpunkt war die antike Stadt bereits weitgehend verlassen, und nach dem schweren Erdbeben von 1157 zogen sich auch die letzten Bewohner aus dem zerstörten Stadtgebiet auf die Akropolis zurück. Im 13. Jahrhundert wurde diese von einer arabischen Festung umgeben, die bis auf den heutigen Tag das Dorf Kal'at al-Mudik beschützt.

Da im mittelalterlichen Apameia nur noch die Akropolis besiedelt war, ist das antike Erbe dieser Stadt nicht so stark verbraucht worden wie bei den anderen seleukidischen Gründungen Antiocheia am Orontes und Laodikeia am Meer, die seither kontinuierlich besiedelt waren. So erkennt man innerhalb der 6,3 Kilometer langen und von sieben Toren durchbrochenen Stadtmauer, die den topographischen Gegebenheiten folgte und im Westen die Zitadelle einband, deutlich das rechtwinklige Straßenraster mit großen Häuserblöcken (105 x 55 Meter). Die Hauptverkehrsader, die von zwei weiteren Hauptstraßen rechtwinklig geschnitten wird, ist eine vom Antiocheia-Tor im Norden zum Epiphaneia-Tor im Süden verlaufende, 1774 Meter lange Kolonnadenstraße. Die Breite dieser monumentalen Prachtstraße, die auf beiden Seiten von prachtvollen Säulenhallen gesäumt wird, beträgt nicht weniger als 37,50 Meter, wovon die Fahrbahn allein 21 Meter beansprucht.

Monumentale Ehrensäulen unterbrechen als *points de vue* an den beiden Hauptkreuzungen die einem Fußgänger endlos erscheinende Kolonnadenstraße. In diesem Sinne beugt auch der regelmäßige Wechsel in der Dekoration der korinthischen Säulenhallen, der nach jedem Häuserblock vorgenommen wurde, dem Eindruck der Eintönigkeit vor. So folgen jeweils nach glatten Säulen mit dorischem Metopen-Triglyphen-Fries zunächst senkrecht kannelierte und schließlich tordiert kannelierte Säulen mit darüberliegendem Rankenfries. An vielen Säulen waren Konsolen angebracht, auf denen die Statuen verdienter

Bürger oder Wohltäter der Stadt standen; einige trugen Statuen römischer Kaiser, wie an Konsoleninschriften mit den Namen der Kaiser Antoninus Pius und Mark Aurel abzulesen ist.

An den Hauptstraßen sind teilweise mehrere Häuserblöcke (*insulae*) für repräsentative Gebäude zusammengefaßt worden, so für die Agora mit dem Tempel des Zeus Belos, für die großen Thermen und für den Bezirk der großen Kathedrale. Das Theater, das mit einem Durchmesser von 139 Metern und einer Bühnenhauslänge von 145 Metern zu den größten Theatern der Antike zählt, nahm allein das Areal von acht *insulae* ein. Aber auch die Paläste und Villen der Großgrundbesitzer erreichten in Apameia bisweilen monumentale Ausmaße, konnten eine ganze *insula* einnehmen und umfaßten bis zu 80 Räume. Viele vornehme Häuser waren mit schönen Mosaikfußböden geschmückt, die zumeist Tier- und Jagdszenen, aber auch geometrische Motive und Landschaftsbilder zeigen.

Heute bietet sich dem Besucher im Stadtzentrum ein beeindruckendes und zugleich verwirrendes Bild, da der Boden mit gewaltigen verstürzten Architekturblöcken übersät ist. Kapitelle, Säulentrommeln, reliefverzierte Architravblöcke und Tausende von Werksteinen lassen die Gewalt erahnen, mit der die Erdbeben von 1157 und 1170 über die Stadt hereingebrochen sind. Immer noch liegen zahlreiche Säulen der großen Kolonnadenstraße dekorativ in ihrer Sturzlage, die meisten aber konnten in den letzten Jahren wiederaufgestellt werden und vermitteln so einen guten Eindruck dieser ehemaligen Prachtstraße.

Die antiken Funde aus den seit 1965 laufenden belgischen Grabungen unter der Leitung von J. Ch. Balty sind heute in dem Kervansaray unterhalb von Kal'at al-Mudik ausgestellt, eine der schönsten osmanischen Pilgerstationen auf dem Weg nach Mekka. In den Gewölben liegt eine Sammlung besonders eindrucksvoller Mosaiken wie «Sokrates und die Sieben Weisen», im Innenhof wurde ein Lapidarium mit zahlreichen Inschriften eingerichtet, darunter ein flavischer Meilenstein, Sarkophage und Grabstelen von Soldaten der *legio II Parthica*, die Namen, Rang, Lebensalter und Dienstzeit der Verstorbenen angeben.

Osmanisches Kervansaray in der Ebene unterhalb der Festung Kal'at al-Mudik

Das Portal der Agora von Apameia am Orontes setzte mit seinen hohen korinthischen Säulen, die zusätzlich auf Postamenten standen, einen städtebaulichen Akzent. Auffallend sind auch Form und Ausschmückung der Säulenbasen, die sich in vergleichbarer Form nur noch beim Hadriansbogen im jordanischen Gerasa finden.

In der großen Kolonnadenstraße von Apameia am Orontes (Mitte 2. Jahrhundert n. Chr.)

DAS SIMEONSKLOSTER UND DIE «TOTEN STÄDTE» NORDSYRIENS

Auf der Grundlage ausgedehnter Ölbaumkulturen war das nordsyrische Kalksteinmassiv, das in der Antike Belos hieß, in den Jahrhunderten der Spätantike ausgesprochen dicht besiedelt. Aus dieser Blütezeit haben sich die eindrucksvollen christlich-byzantinischen Ruinen der «Toten Städte» erhalten, von denen im Gebiet zwischen den großen Metropolen Kyrrhos, Antiocheia am Orontes, Apameia am Orontes und Beroia am Belos (Aleppo) mehr als 500 Siedlungen nachgewiesen sind. Während heute im Norden um Kyrrhos immer noch weite Olivenplantagen anzutreffen sind, wird im zentralen Kalksteinmassiv nach dem weitgehenden Verlust des etwa einen Meter starken Ackerbodens der Antike trotz intensiver Terrassenbewirtschaftung nur noch ein mäßiger Ertrag erzielt. So überrascht es nicht, daß höchstens ein Drittel der antiken Siedlungen neubesiedelt worden ist, oft allerdings nur von einer Familie.

Basis für die wirtschaftliche und kulturelle Blüte dieses Gebietes war der Anbau von Oliven in großen Monokulturen, die ergänzt wurden durch kleinere Weinkulturen und den Anbau von Feigen. Initiiert wurde diese Kolonisation des Kalksteinmassivs in erster Linie von Großgrundbesitzern aus Antiocheia und Apameia, die es sich leisten konnten, nach Anlage neuer Ölbaumkulturen zehn bis zwölf Jahre auf den ersten Ertrag zu warten. Eine hervorragende Infrastruktur war seit der römischen Kaiserzeit gewährleistet, sie sicherte den schnellen Export des Olivenöls und den Import von Gebrauchsgütern. Bis heute sind Teile der römischen Infrastruktur in Benutzung, so die großartig erhaltene Straße bei Tell al-Karama, die Antiocheia am Orontes mit Chalkis am Belos (Kinnasrin) verband. Ebenfalls noch genutzt werden zwei römische Brücken bei Kyrrhos, und in vielen Dörfern sichern antike Zisternen die Wasserversorgung der Bevölkerung.

Der wirtschaftliche Aufschwung zog eine intensive Bautätigkeit nach sich. Dabei handelte es sich in der Mehrzahl um kleine Dörfer mit einer Kirche und einigen Gutshöfen wie Bamukka und Kirkbize, es entwickelten sich aber auch größere städtische Zentren wie al-Barah und Serdjilla. Mit zunehmendem Reichtum ließen sich die Großgrundbesitzer, die zumeist in den Metropolen residierten, große Landvillen in der Nähe ihrer Besitzungen errichten. Mit der gleichzeitigen Durchsetzung des Christentums wurden die Kirchen in diesem Gebiet nicht nur zahlreicher, sondern auch größer und monumentaler. So kennen wir allein in al-Barah die Ruinen von fünf Kirchen und einem Kloster, in Serdjilla stand zumindest eine große dreischiffige Basilika. Hinzu kommen einige große Wallfahrtskirchen wie Kalb Loze und Kal'at Sim'an, in deren Umgebung ausgedehnte Pilgerorte entstanden.

Als Baumaterial diente der anstehende Kalkstein, alle Bauten wurden in vorzüglicher Quadertechnik ohne Verwendung von Mörtel hochgezogen. In jeder Dorfsiedlung entstand zumindest eine kleine Kirche, die sich – wie in Kirkbize – zunächst nur durch liturgische Einrichtungen wie das Bema von den benachbarten Villen unterschied. In den Zeiten des Aufschwungs aber konnten sich selbst kleine Gemeinden eine dreischiffige Basilika mit Apsis und verschiedenen Anbauten leisten. Ohne Frage haben Architekten und Werkstätten aus Antiocheia und Apameia auf die Bauformen im Kalksteinmassiv eingewirkt, gleichzeitig entstanden aber lokal geprägte Bauhütten mit bedeutenden Architekten wie Julianos und Markianos Kyros. Hauptstädtische und lokale Bauhütten arbeiteten bei einigen Großprojekten wie den Basiliken von Kalb Loze und Kal'at Sim'an zusammen, ansonsten finden sich bei gleichzeitig entstandenen Sakralbauten vielfach unterschiedliche Kapitell- und Dekorationsformen, die den großen Reichtum der ländlichen Architektur Nordsyriens ausmachen.

Die Bewohner der ländlichen Siedlungen waren in erster Linie kleinere Grundbesitzer, Pächter und Landarbeiter. Von den letzteren arbeiteten viele nach der Pflege der Ölbäume und der anschließenden Ernte in der zweiten Jahreshälfte als Steinmetze in den dörflichen Steinbrüchen. Der feudale Großgrundbesitzer, der zumeist in einer der großen Städte lebte, war nur durch seine Landvilla präsent. Die Ruinen zahlreicher Dörfer zeigen, daß es in der Produktion und Veredelung der landwirtschaftlichen Erzeugnisse neben privat betriebenen Olivenpressen und Weinkeltereien auch größere Gemeinschaftsanlagen gab.

Der Niedergang dieser Kulturlandschaft beginnt sich bereits im 6. Jahrhundert abzuzeichnen, als die fortschreitende Erosion zu rückläufigen Erträgen führte, die zudem noch von der steigenden Besteuerung durch Byzanz gemindert wurden. Verstärkt wurde diese Entwicklung durch Einfälle der Sasaniden aus Persien, die 540 und 613 kurzzeitig ganz Syrien eroberten. Als schließlich 636 die Araber Syrien den Byzantinern endgültig entreißen konnten, wurden die Städte und Dörfer im Kalksteinmassiv zwar nicht zerstört, aber sie verloren die Verbindung zu Kleinasien und anderen Ländern des Mittelmeeres, auf die sie als Abnehmer ihrer Öl- und Weinprodukte angewiesen waren. Eine Wiederbesiedlung späterer Jahrhunderte konzentrierte sich in erster Linie nur auf die Talschaften, in die der Mutterboden von den Hängen hinabgeschwemmt worden war.

In kurzer Zeit waren viele ländliche Siedlungen weitgehend verlassen, ohne daß es zu größeren Zerstörungen gekommen wäre, wenn wir einmal von späteren Erdbeben absehen. Kirchen, Klöster, Pilgerherbergen, Marktplätze, Thermen, Wachtürme, Villen und einfache Häuser, Gutshöfe mit Olivenpressen, Ställen und Scheunen, Brunnenhäuser und Zisternen, Schmiede und andere Werkstätten sowie zahlreiche Nekropolen haben sich teilweise komplett bis zu drei Stockwerken erhalten und bieten einen ausgezeichneten Einblick in die kulturelle und wirtschaftliche Bedeutung dieser Landschaft. Zugleich geben sie Archäologen und Historikern die einmalige Gelegenheit zur Rekonstruktion eines dichtbesiedelten antiken Wirtschaftsraumes.

Unter den Siedlungen sind die antiken Verwaltungszentren Brad und al-Barah ebenso wie das Dorf Serdjilla hervorzuheben, da sich an diesen Plätzen der antike Baubestand nahezu unversehrt erhalten hat. Im verkarsteten Gelände von Serdjilla stehen heute – nach Verlust der antiken Bodenkrume – eine zweigeschossige Versammlungshalle, möglicherweise das Rathaus, die Thermen aus dem Jahre 473, mehrere Höfe mit Zisternen, eine eingestürzte dreischiffige Basilika, eine zweigeschossige Villa am Ortsrand und in der engeren Umgebung zahlreiche Grabbauten. Die ganze Anlage wirkt so, als sei sie gerade erst nach einem Erdbeben von ihren Bewohnern verlassen worden.

Noch bewohnt ist dagegen das etwa 3 x 2 Kilometer große Siedlungsgelände von al-Barah, da sich hier gute Böden erhalten haben und eine ertragreiche Landwirtschaft gewährleisten. Bereits in der Antike war dieser Ort durch den Anbau von Olivenbäumen und den Export von Olivenöl zu Reichtum gekommen, wie die Ruinen von fünf großen Kirchen, ein nahegelegenes Kloster, zahlreiche Gutshöfe und einige große Landsitze zeigen. Recht groß sind die gemeinschaftlich genutzten Olivenpressen, die für eine fast industrielle Produktion sprechen. In der Nekropole stehen zwei Grabmonumente mit pyramidenförmigen Dächern, die an das Mausoleion von Halikarnassos erinnern. Die architektonische Form und die herausragende Bauplastik mit umlaufenden Gesimsbändern und korinthischen Eckpilastern sowie die großen Sarkophage mit Christusmonogrammen stehen für Finanzkraft und Selbstverständnis ihrer Erbauer. Bis heute ist der Olivenbaum die Lebensgrundlage des Dorfes, und man glaubt sich in die Antike zurückversetzt, wenn ein Bauer mit seinem altertümlichen Pflug die Felder zwischen den Ruinen bestellt.

Glanzpunkte antiker Architektur im Kalksteinmassiv sind die Kirchen, unter denen die Basilika von Kalb Loze eine der schönsten ist. Diese ist zu Beginn des 5. Jahrhunderts entstanden und nimmt in der Kirchenarchitektur Syriens eine Schlüsselposition ein. In ihr verbanden sich hauptstädtische und lokale Bautraditionen und führten zu einem neuen Architekturkonzept. Der nach Osten orientierten dreischiffigen Basilika mit einer durch eine zweigeschossige Säulengliederung betonten Apsis sind im Westen eine Eingangshalle und zwei dreigeschossige Ecktürme vorgelagert. In diesen befinden sich Treppenaufgänge zu den Emporen, auf denen die Gläubigen dem Gottesdienst beiwohnen konnten. Dieser zusätzliche Raum wurde benötigt, da das ganze Mittelschiff allein der Priesterschaft vorbehalten war und die Gläubigen sich im Erdgeschoß ausschließlich in den Seitenschiffen aufhalten durften. Damit diese dennoch den Sichtkontakt zum Altar hatten, wurden die Arkaden zum Mittelschiff besonders weit gespannt und so die Raumauffassung der traditionellen Säulenbasiliken fortentwickelt. In Kalb Loze findet sich die erste monumentale Ausprägung der syrischen Weitarkadenbasilika. Die Innenraumgestaltung und die reiche Bauornamentik, die den ganzen Bau mit breiten Bändern überzieht, werden zum Vorbild weiterer Kirchen nicht nur im benachbarten Bamukka, sondern auch im fernen Rusafa.

Architektonischer Höhepunkt der «Toten Städte» Nordsyriens ist das Simeonskloster (Kal'at Sim'an), das seine Entstehung dem Ruhm des ersten Säulenheiligen der Kirchengeschichte verdankt. Der hl. Simeon, kurz vor 390 im Dorf Sis in Kilikien geboren, suchte zeit seines Lebens den Leidensweg Christi nachzuleben. Bereits als Kind in ein Kloster eingetreten, übertraf er seine Mitbrüder durch übermenschliches Fasten und unglaubliche Selbstkasteiungen. Sein radikales Asketentum erweckte schnell den Groll der Mitbrüder, so daß er mit 16 Jahren in das Kloster von Telanissos (Deir Sim'an) überwechselte. Doch bald erschienen ihm auch dessen Regeln für ein gottgefälliges Leben nicht streng genug, so daß er sich im Alter von 30 Jahren auf eine Säule auf den Berg oberhalb von Telanissos zurückzog.

Das asketische Leben Simeons rief Aufsehen und Bewunderung hervor. Immer größere Scharen von Gläubigen pilgerten zu ihm, um das Evangelium zu hören. Der enorme Zulauf wurde zu einem großen Ärgernis für die offizielle Reichskirche, aber auch Simeon selbst muß der Pilgerbetrieb gestört haben, denn er ließ seine Säule mehrmals erhöhen, bis er sich 20 Meter über dem Erdboden auf einer nur vier Quadratmeter großen Plattform befand, die von einer niedrigen Balustrade umgeben war. Ein Gitter um den Schaft hinderte die Pilger daran, sich aus der Säule ein Stück als Reliquie herauszuschlagen. Zeitgenössische Basaltreliefs zeigen den hl. Simeon im Mönchsgewand auf seiner Säule, an die eine Leiter angelegt ist, auf der ein Schüler die wöchentliche Verpflegung hinaufbringt. Wind und Wetter ausgesetzt, lebte Simeon 30 Jahre betend und fastend auf der Säule, bis er am 2. September 459 verstarb. Gegen den Widerstand des lokalen Klerus ließ der Patriarch von Antiocheia unter militärischem Schutz den Leichnam Simeons in die Konstantinskirche von Antiocheia am Orontes überführen, bevor dieser im Jahr darauf in das auf den Ruhm des Säulenheiligen eifersüchtige Konstantinopel gebracht wurde.

Doch war der Pilgerstrom, den Berichte über Wundertaten Simeons noch vergrößerten, nicht mehr aufzuhalten. Schon bald wurde auf dem Kal'at Sim'an um die Simeonssäule, von der heute nur noch der Sockel und ein abgebrochener Stumpf erhalten sind, der Bau einer großen Kirchenanlage notwendig. Der byzantinische Kaiser Zenon selbst ließ zwischen 476 und 490 die Wallfahrtskirche errichten, ein

Komplex von vier Kirchen, die von dem Oktogon mit der Säule des Simeon kreuzförmig in die vier Himmelsrichtungen gehen. Von diesen ist wohl nur in der nach Osten weisenden Kirche die Lithurgie gefeiert worden, die anderen dienten als Versammlungsräume für die Pilger. Die monumentalen Fassaden sind mit einer reichen Bauplastik überzogen, wobei die «windverwehten» korinthischen Kapitelle im Oktogon besonders beeindrucken. Umstritten, aber wahrscheinlich ist, daß das Oktogon im Zentrum der Anlage überkuppelt war und bei den großen Erdbeben von 526 und 528 eingestürzt ist, so daß spätere Besucher wie der Schriftsteller Euagrios von Antiocheia die Säule Simeons wieder unter freiem Himmel vorfanden. Kunsthistoriker bezeichnen die monumentale kreuzförmige Kirche mit dem Oktogon in der Mitte als das wichtigste Monument zwischen den Bauten der römischen Kaiserzeit des 2. Jahrhunderts und der Hagia Sophia Kaiser Iustinians aus der Mitte des 6. Jahrhunderts in Konstantinopel.

Die Pilger fanden zunächst in den Herbergen beim Baptisterium, in dem sie sich nach ihrer Begegnung mit Simeon taufen lassen konnten, einfache Unterkünfte vor. In kurzer Zeit entwickelte sich Telanissos am Fuße des Klosterberges mit weiteren Kirchen, Herbergen, Gasthäusern und Devotionaliengeschäften zu einem aufblühenden Wallfahrtsort, den eine heilige Straße mit der Wallfahrtskirche auf dem Kal'at Sim'an verband. Schnell verbreitete sich der Ruhm Simeons in der ganzen Mittelmeerwelt, so daß man in den Künstlerateliers von Rom und anderen Städten Bilder des Heiligen erwerben konnte. So wird verständlich, daß der hl. Simeon über 200 Nachahmer im Byzantinischen Reich gefunden hat, so Simeon den Jüngeren nahe Antiocheia am Orontes und den Säulenheiligen Daniel vor den Toren von Konstantinopel, der als Berater des Kaisers Zenon diesem den Bau der Wallfahrtskirche nahegelegt hatte. Darüber hinaus hat das Vorbild des ersten Säulenheiligen bis nach Europa ausgestrahlt und auch in der Geschichte des europäischen Mönchtums tiefe Spuren hinterlassen.

Heute noch genutzte römische Brücke über den Afrin bei Kyrrhos

Römische Straße bei Tell al-Karama, die auf einer Länge von 1200 Metern erhalten ist und Chalkis am Belos mit der Provinzhauptstadt Antiocheia am Orontes verband

Zweigeschossige Villa eines Großgrundbesitzers in Serdjilla, die sich im Erdgeschoß auf einen großen Empfangs- und Speiseraum beschränkte, während die eigentliche Wohnung im Obergeschoß lag

Pyramidenförmiges Grabmal eines Großgrundbesitzers in al-Barah

Dreischiffige Weitarkadenbasilika in Kalb Loze (Mitte 6. Jahrhundert n. Chr.)

Wallfahrtsheiligtum von Kal'at Sim'an – Blick in das zentrale Oktogon

Besonders reich ist die Bauplastik am Narthex der Südbasilika von Kal'at Sim'an, darunter auch korinthische Kapitelle mit einmalig schönen «windbewegten» Akanthusblättern

Das Baptisterium im Klosterbezirk von Kal'at Sim'an

DIE ANTIKEN BASALTSTÄDTE DES HAURAN

Eine weitere sehr dichtbesiedelte antike Kulturlandschaft liegt südlich von Damaskus im Hauran, der sich aus zwei ganz unterschiedlichen Landschaftszonen zusammensetzt: nördlich von Bosra die fruchtbare Nukra-Ebene, die römisch-byzantinische Kornkammer Syriens mit den Städten Bostra, Kanatha und Philippopolis sowie vielen ländlichen Siedlungen, und nordöstlich von Bosra der Djebel el-Druz, ein bis zu 1800 Meter hoher Gebirgszug vulkanischen Ursprungs, aus dem das schwarze Lavagestein stammt, das den antiken Städten und Dörfern ihren eigenartig düsteren Eindruck verleiht. Anders als im nordsyrischen Kalksteinmassiv sind im Hauran die antiken Städte nie völlig verlassen gewesen, an allen Plätzen werden antike Gebäude und Straßen, Brunnen und Zisternen bis in unsere Tage genutzt.

Im 1. Jahrhundert gehörte der Hauran noch zum Königreich der Nabatäer, die Bostra als ihre zweite Hauptstadt nach Petra betrachteten und das Korn von Bostra an die Römer verkauften. Die Blütezeit des Hauran kam mit den Römern, die im Jahre 106 das Nabatäerreich in die Provinz Arabia verwandelten. Als Zentrum einer der Kornkammern des Römischen Reiches wurde Bostra zur Hauptstadt der neuen Provinz ernannt und dank seiner strategischen Lage an der Südostflanke des Imperiums auch Standquartier der *legio III Cyrenaica*. In kurzer Zeit fand Bostra den Anschluß an das Straßennetz der Provinz Syria und wurde durch die *via nova Traiana* über eine Kette von Grenzkastellen mit Aila am Golf von Akaba verbunden. Nach diesem ersten Ausbau der Provinz Arabia erlebten die Städte des Hauran einen zweiten Bauboom unter den severischen Kaisern (193–235), bis Philippus Arabs (244–249) Bostra in den Rang einer Metropolis erhob und seinen Heimatort Shahba in Philippopolis umbenannte und mit repräsentativen Bauten schmückte.

In Shahba wohnt die Bevölkerung größtenteils in den Ruinen der römischen Stadt, die man bis vor einigen Jahren durch das dreibogige Nordtor betrat, das heute in einer kleinen Grünanlage steht. Die sich rechtwinklig schneidenden antiken Hauptstraßen sind immer noch die Hauptverkehrsachsen des Städtchens, und man bewegt sich teilweise auf dem antiken Pflaster. Ausgezeichnet erhalten sind die Thermen, die über ein Aquädukt mit Wasser aus dem Djebel el-Druz versorgt wurden, das Theater und ein Tempel, den Philippus Arabs seinem vergöttlichten Vater Julius Marinus errichtet hat. Über den Mosaiken einer römischen Villa wurde ein kleines Museum errichtet. Sie sind in der Zeit der konstantinischen Renaissance (2. Viertel 4. Jahrhundert) entstanden und zeigen herrliche Szenen aus der griechischen Mythologie wie Orpheus unter den wilden Tieren, die Hochzeit von Dionysos und Ariadne sowie Aphrodite und Ares. Ein hervorragendes Marmorporträt stellt Kaiser Philippus Arabs, den Sohn und Wohltäter der Stadt, selbst dar.

Gut 1200 Meter hoch im Djebel el-Druz liegt Kanawat, das antike Kanatha, dessen drusische Bevölkerung überwiegend in antiken Gebäuden wohnt. In mehreren Fällen werden die tonnenschweren drehbaren Steintüren der Antike bis heute als Hoftore verwendet. Besonders sehenswert ist neben den hohen Säulen des Heliostempels und der großen gedeckten Zisterne ein als «Serail» bezeichneter Tempel- und Kirchenkomplex. Wer sich in dem kaum entwirrbaren Grundriß nicht zurechtfindet, wird entschädigt durch die zweigeschossige Westfassade, deren Portale durch Weinrankenfriese mit integrierten Christusmonogrammen verziert sind. Im Inneren der Anlage finden sich kunstvoll ausgearbeitete Kapitelle, Friesfragmente und drei reichgeschmückte christliche Sarkophage.

Auf dem weiteren Weg nach Bostra fahren wir zunächst durch Atil, das antike Athela, in dessen Mitte zur Zeit des Kaisers Antoninus Pius im Jahre 151 ein reichgeschmückter Tempel errichtet wurde, und erreichen schließlich Suweida, das Verwaltungszentrum des Hauran. Leider hat die moderne Bebauung das Erbe des antiken Soada vollkommen verbraucht, darunter ein 1865 noch bestens erhaltenes, von einer Stufenpyramide bekröntes monumentales Mausoleion. Heute verfügt der Ort über ein Museum mit eindrucksvollen Grabstelen und Plastiken aus schwarzem Basalt sowie schönen kaiserzeitlichen Mosaiken aus Philippopolis. Diese zeigen die Morgentoilette der Aphrodite, Artemis beim Bade und die Hochzeit von Thetis und Peleus.

Höhepunkt einer Fahrt in den Hauran ist der Besuch von Bostra (Bosra), das an einer alten Handelsstraße liegt und in den Annalen des Pharao Thutmosis III. (1490–1436 v. Chr.) erwähnt wird. Mit dem Eintritt durch das dreibogige Stadttor befindet man sich unvermittelt in der Vergangenheit, denn es gibt keine moderne Asphaltstraße. Man spaziert über das ausgezeichnet erhaltene antike Pflaster der von Westen nach Osten verlaufenden Hauptkolonnadenstraße in die Antike. In der Stadtmitte zweigen kleinere Kolonnadenstraßen ab, die zum Theater und an der Agora vorbei zum Nordtor führen, vor dem sich das römische Legionslager befand. An allen Straßen liegen Wohnhäuser, die aus antiken Mauern bestehen oder sich an antike Gebäude anlehnen und sich mit alten Werkstücken schmücken. Bis heute wird die Wasserversorgung durch römische Reservoire gewährleistet. Von römischen Legionären angelegt, diente das große offene Wasserbecken mit einer Seitenlänge von 150 Metern in der islamischen Zeit der Versorgung der Mekkapilger, wie dem Namen Birkat al-Hadjj («Pilgerteich») zu entnehmen ist.

Das eindrucksvollste Gebäude ist das Theater, das in der Kreuzzugszeit von einer arabischen Festung umgeben wurde. Heute erfolgt der Zugang über die mittelalterliche Brücke, die den Festungsgraben überspannt. Das Theater selbst wurde nach dem Zweiten Weltkrieg von der arabischen Innenbebauung bereinigt und läßt sich in seiner Akustik, seinem Erhaltungszustand und seiner Pracht mit dem berühmten Theater von Aspendos in der Südtürkei vergleichen. Die durch Säulen und Nischen reichgestaltete Bühnenfront ist teilweise rekonstruiert und erlaubt einen Einblick in die kunstvolle Theaterarchitektur der hohen Kaiserzeit. Dabei steht der schwarze Basalt der Gesamtanlage in einem reizvollen Kontrast zum hellen Kalkstein der Fassade des Bühnenhauses.

An Feiertagen und Wochenenden, wenn Lehrer ihre Schüler in die Vergangenheit Syriens führen, herrscht ein lebhaftes Treiben in dem ehrwürdigen Theater und auf den Wällen der Festung. Doch ist das kein Vergleich zu den Septembertagen, wenn als Höhepunkt der touristischen Saison das Internationale Folklorefestival gefeiert wird. Erst dann kann man sich vorstellen, wie lebhaft es in einem antiken Theater zugegangen sein muß. Selbst in dem kleinen Freilichtmuseum, das ein Mosaik mit einer Kamelkarawane, mehrere Weihungen an Zeus Ammon und interessante Grabinschriften von Soldaten der *legio III Cyrenaica* zeigt, findet sich kein beschauliches Plätzchen mehr.

Von den oberen Rängen des Theaters erschließt sich ein herrlicher Blick über die Stadtanlage auf die fruchtbar grüne Nukra-Ebene. Zugleich läßt sich an weiteren bedeutenden Bauwerken – Kirchen wie Moscheen – die spätantike und islamische Geschichte von Bostra nachvollziehen. Bereits im 3. Jahrhundert war Bostra der Sitz von Bischöfen, die eine ihrer Hauptaufgaben in der Christianisierung der umwohnenden Beduinenstämme sahen. Sie erteilten Mitte des 4. Jahrhunderts den Auftrag für eine der größten Kathedralen des Orients. Der Hauptraum dieses Zentralbaus, der im Jahre 511 eingeweiht werden konnte, war kreisförmig in ein Quadrat gesetzt, sein Durchmesser erreichte beachtliche 36 Meter.

Zwischen den Wohnhäusern erkennen wir in nordöstlicher Richtung die Ruine dieses Bauwerk, dahinter das Bahira-Kloster und die Moschee Mabrak an-Naka, die für den frühen Islam große Bedeutung haben. Im Bahira-Kloster soll der Mönch Bahira den jungen Mohammed, der mit einer Karawane nach Bostra kam, als künftigen Propheten der Araber erkannt und ihn in die Grundsätze der christlichen Lehre eingeführt haben. An der Stelle der Moschee Mabrak an-Naka soll die Kamelstute, die in der Zeit der arabischen Eroberung des 7. Jahrhunderts den ersten Koran nach Syrien brachte, niedergekniet und einen Abdruck im Stein hinterlassen haben. Dieser Abdruck befindet sich heute in der Südwestecke des Gebetsraumes vor dem Mihrab.

Diese Traditionen müßten Bostra bis heute einen starken Zulauf und eine städtische Existenz gesichert haben, doch erlangte die Stadt nur noch einmal größere Bedeutung, als man in der Kreuzfahrerzeit das Theater durch mächtige Bastionen in eine arabische Festung verwandelte. Dazu wurde das Steinmaterial von der Pferderennbahn, aber auch von der großen Kathedrale verwendet. In der osmanischen Zeit verlor Bostra seine strategische Bedeutung, und es häuften sich die Übergriffe der Beduinen, so daß Handels- und Pilgerkarawanen ihre Route verlegten. Heute ist Bostra wieder ländlicher Mittelpunkt der Kornkammer Syriens, ein Ort, in dem man auf Schritt und Tritt einer großen Vergangenheit begegnet.

Familienheiligtum des Kaisers Philippus Arabs in Philippopolis (Shahba)

Im Dorf Kanawat wird bis auf den heutigen Tag so mancher Hof mit einer schweren antiken Steintür verschlossen.

Im «Serail» von Kanatha (Kanawat)

Aphrodite bei der Morgentoilette – kaiserzeitliches Mosaik aus Philippopolis (2. Jahrhundert n. Chr.)

Das ausgezeichnet erhaltene Theater von Bostra (Bosra)

Antike Säule in einer modernen Hauswand – nur ein Beispiel für viele im Dorf Bosra wiederverwendete antike Werkstücke

Eindrucksvolle antike Familiengrabstele aus dem Hauran (Nationalmuseum Damaskus)

Blick vom obersten Rang des Theaters über Bosra und die Nukra-Ebene

PALMYRA – HERRIN DER WÜSTE

Nach glanzvoller Vergangenheit war die Oase Palmyra (Tadmor) in Vergessenheit geraten, obgleich sie und ihre berühmte Königin Zenobia im Mittelpunkt arabischer Gedichte und Erzählungen stehen. So überliefert der syrische Geograph Yakut im 13. Jahrhundert die schöne Legende, daß Palmyra zu den wundervollen Städten gehöre, die Dämonen auf Befehl König Salomons für die Königin von Saba erbaut hätten. Diese Vorstellung kann auch der moderne Besucher nachvollziehen, der nach der Wüstendurchquerung staunend vor den monumentalen Ruinen steht und den unglaublichen Reichtum der Palmyrener mit Händen greifen kann. Seit Wiederentdeckung der Oasenstadt durch den Italiener Pietro della Valle im Jahr 1616 sind viele Reisende seinen Spuren gefolgt, und aus allen Berichten spricht die ungeheure Faszination von Palmyra.

Der semitische Name Tadmor, der bis heute bei den Arabern gebräuchlich ist, begegnet erstmals zu Beginn des 2. Jahrtausends v. Chr. in den Archiven assyrischer Kaufleute in der zentralanatolischen Handelsstadt Karum Kanish und kommt im 18. Jahrhundert v. Chr. auf Keilschrifttafeln in Mari am Euphrat vor. Um 1100 v. Chr. wird Tadmor in den Annalen des assyrischen Königs Tiglat-Pilesar I. erwähnt, doch kennen wir weder den Ursprung noch den Sinn dieses altorientalischen Namens. Der griechisch-römische Name Palmyra dürfte sich auf die großen Palmenhaine der Oase beziehen, die seit Jahrtausenden von der reichlich sprudelnden Efka-Quelle versorgt werden. Inschriften in der Quellgrotte belegen die göttliche Verehrung der Quelle und die Namen von städtischen Kuratoren, die die Wasserverteilung kontrollierten.

Die Bedeutung von Palmyra liegt ohne Frage in der zentralen Lage in der syrisch-arabischen Wüste auf dem halben Weg zwischen dem Euphrat und dem Mittelmeer. Hier trafen sich die Straßen von Emesa, Damaskus und Bostra und liefen weiter zum Euphrat, nach Mesopotamien und Persien. Wir können annehmen, daß die Oase schon zur Zeit Alexanders des Großen (336–323 v. Chr.) ein wichtiger Handelsplatz war. Die Bildung einer ersten stadtartigen Siedlung geht auf einen

Zusammenschluß mehrerer Beduinenstämme zurück. Inschriften aus dem 1. Jahrhundert n. Chr. nennen die vier Hauptstämme, von denen jeder ein eigenes Heiligtum hatte: das Heiligtum des Baalshamin, der Atargatis sowie des Karawanengottes Arzu und den Heiligen Hain der göttlichen Brüder Aglibol und Melakbel. Gleichzeitig entwickelte sich der Beltempel zu einem «nationalen» Heiligtum aller palmyrenischen Stämme.

Besser greifbar wird Palmyra nach Einrichtung der Provinz Syria durch Pompeius im Jahre 64 v. Chr., als die Stadt in das Blickfeld römischer Politiker geriet. Palmyra blieb zwar unabhängig, aber es fehlte nicht an Versuchen, die Oase an das Römische Reich anzuschließen. Der Geschichtsschreiber Appian überliefert in seiner «Römischen Geschichte», daß Antonius im Winter 41/40 v. Chr. versuchte, für seinen geplanten Partherfeldzug in der reichen Oasenstadt Geld einzutreiben. Doch als seine Reiter vor Palmyra erschienen, hatten die gut informierten Palmyrener bereits ihre bewegliche Habe auf die andere Euphratseite gebracht und den Flußübergang durch ihre Bogenschützen gesichert. In der Folgezeit konnten die Palmyrener mehr und mehr den Handel mit Persien und Indien an sich ziehen und eine Art Freihandelszone zwischen den Machtblöcken der Römer und Parther bilden.

Vermutlich Kaiser Tiberius (14–37) schlug Palmyra zur Provinz Syria. In dieser Zeit entstanden die Stadtmauer, der Baalshamin-Tempel und der riesige Beltempel. Zunächst gab es keine römische Besatzung in Palmyra, lokale Einheiten von berittenen Bogenschützen genügten zum Schutz der Karawanen. Palmyra war zur Waffenhilfe verpflichtet, so daß 8000 palmyrenische Bogenschützen im Jahre 70 an der Belagerung von Jerusalem teilnahmen. Erst Kaiser Traian (98 bis 117) legte eine Garnison in die Oase und ließ mit der *ala I dromedariorum Palmyrenorum* eine erste reguläre Hilfstruppe im Gebiet von Palmyra ausheben.

Als Kaiser Traian im Jahre 106 die nabatäische Königsstadt Petra eroberte und die Provinz Arabia mit der Hauptstadt Bostra einrichtete, konnte Palmyra auch den Handel mit Südarabien an sich ziehen. Die Stadt wurde zum Sitz florierender Handelshäuser, die große Karawanentransporte finanzierten und im ganzen Römischen Reich in Kreditgeschäfte investierten. Die palmyrenischen Handelsherren schickten ihre Karawanen und Schiffe über Indien bis nach China, von wo sie Luxusgüter wie Edelsteine, Elfenbein, Gewürze, Parfums, Sandelholz und Seide über Palmyra in das Römische Reich brachten.

Ein Höhepunkt der Geschichte Palmyras war 129 der Besuch des Kaisers Hadrian, der Palmyra den Status einer *civitas libera* verlieh, so daß die Stadt in kommunal- und finanzpolitischen Fragen unabhängig war. Umgehend erließ der Rat von Palmyra ein neues Steuergesetz, das in einer palmyrenisch-griechischen Bilingue erhalten ist. Neben den Abgaben für die Wasser- und Weiderechte werden die Ein- und Ausfuhrsteuern für eine Vielzahl von Waren aufgelistet: Lebensmittel wie Salzfisch, Schmalz, Wein und Weizen, Tiere wie Dromedare, Pferde, Maultiere und Schafe, Tierhäute und Wolle, Leinen und purpurgefärbte Vliese, sodann Olivenöl und Salböl, Weihrauch und Pinienzapfen für die Opferrituale, außerdem Bronzebildnisse und Sklaven, wobei die Steuer auf einen erfahrenen Sklaven höher war als auf einen «Berufsanfänger».

Mit diesem Steuergesetz befinden wir uns im «Goldenen Zeitalter» von Palmyra, das sich in einer gewaltigen Bautätigkeit im Stadtzentrum niederschlug. Das gilt für den Bezirk des Beltempels und die große Kolonnadenstraße ebenso wie für die Nekropole, in der reiche und prunkvolle Familiengräber entstanden. Gleichzeitig wurde der kulturelle Kontakt zu Rom immer enger; viele Palmyrener erwarben das römische Bürgerrecht und nahmen zu ihren semitischen auch lateinische Namen an. So sind die meisten Ehreninschriften im Bereich der großen Kolonnadenstraße zweisprachig abgefaßt – in palmyrenisch, einem Dialekt des Aramäischen, sowie in griechisch oder lateinisch.

Das Handelsmonopol Palmyras blieb unangefochten, bis im Jahre 228 die Sasaniden die Parther ablösten und die palmyrenischen Faktoreien am Persischen Golf besetzten. Da Rom eine Krise durchmachte und Shapur I. im Jahre 260 bei Edessa den Kaiser Valerian gefangennahm, war Palmyra in der Abwehr sasanidischer Ansprüche auf Syrien auf sich gestellt. In dieser Zeit stand eine tatkräftige arabische Familie, die unter Septimius Severus (193–211) das römische Bürgerrecht erlangt hatte, an der Spitze von Palmyra. Ihrem Oberhaupt Septimius Odainath gelang der Aufbau eines schlagkräftigen Heeres, mit dem er 262 und 267 erfolgreich in das Sasanidenreich einfiel und so die Ostgrenze des Römischen Reiches sicherte. Diese Erfolge veranlaßten Kaiser Gallienus, den palmyrenischen Fürsten durch die Titel *Imperator* und *Corrector totius orientis* («Fürst des Ostens») zum zweiten Mann im Staate zu machen, indem er nur den höchsten Titel *Augustus* sich selbst vorbehielt.

Odainath selbst nahm zwar noch den Titel «König der Könige» an, doch scheint seine Loyalität zu Rom fest gewesen zu sein. Möglicherweise deshalb wurde er 267 zusammen mit Herodian, seinem Sohn aus erster Ehe, unter mysteriösen Umständen ermordet. Zenobia, vielleicht an diesem Mord beteiligt, übernahm für den gemeinsamen minderjährigen Sohn Wahballat die Regentschaft. Sie war eine gebildete Frau, die aramäisch, ägyptisch und griechisch sprach, mit höchsten politischen Ambitionen und von ausgesprochener Schönheit. Alles in allem eine Frau, um die sich schon zu Lebzeiten Legenden rankten, deren Entstehung sie tatkräftig gefördert hatte. Sie zählte die berühmte Kleopatra zu ihren Vorfahren und ließ sich in Palmyra als «neue Kleopatra» verehren.

In ihrem Ehrgeiz glaubte Zenobia die Probleme Roms, das durch separatistische Entwicklungen in Gallien geschwächt war, nutzen zu können. Im Jahre 269 unterwarf ihr General Zabdas die römische Kornkammer Ägypten, 270 stießen palmyrenische Truppen bis Ankara vor. Offensichtlich überschätzte Zenobia diese Erfolge, forderte für ihren Sohn den *Augustus*-Titel und nannte sich selbst *Augusta*, was Rom als Usurpation wertete. Kaiser Aurelian zog im Frühjahr 272 selbst mit einem Heer gegen Palmyra, während Probus Ägypten zurückeroberte. Nach Siegen über die Palmyrener bei Antiocheia und Emesa marschierte Aurelian durch die Wüste und zwang Palmyra zur Kapitulation. Zenobia hatte in der Hoffnung, in letzter Minute persische Hilfe mobilisieren zu können, mit einer Eskorte unbemerkt das belagerte Palmyra verlassen, geriet aber am Euphrat in römische Gefangenschaft. Gemeinsam mit dem gallischen Gegenkaiser Tetricius wurde sie im Jahre 274 im Triumph Kaiser Aurelians in Rom mitgeführt und lebte seither in einer Villa in Tivoli. Nach dem Tod Aurelians soll sie durch Heirat mit einem römischen Senator in der römischen Aristokratie aufgegangen sein, wie viele Dynasten, deren Reiche von Rom annektiert wurden.

Hatte Kaiser Aurelian Palmyra geschont und nur die Tempelschätze beschlagnahmt, so reagierte er im Frühjahr 273 auf die Nachricht von einem Aufstand mit unnachgiebiger Härte und gab die Stadt zur Plünderung frei. Im Jahre 298 mußte Palmyra eine weitere Niederlage einstecken, als Kaiser Diokletian mit den Sasaniden den Vertrag von Nisibis schloß. Dieser regelte die Grenzen der Großmächte an Euphrat und Tigris und enthielt auf römischen Druck hin einen Passus, wonach Handel und Warenaustausch zwischen beiden Mächten künftig nur über die mesopotamische Grenzfestung Nisibis abgewickelt werden sollten. Um 300 legte der Statthalter Sossianus Hierocles im Westen der Stadt das Diokletianslager an, in dem die *legio I Illyrorum* stationiert wurde. So wandelte sich Palmyra von einer Handelsstadt zu einem Militärstützpunkt an der römischen Ostgrenze.

Im Jahre 634 wurde Palmyra von arabischen Truppen unter Khalid ibn al-Walid erobert, 1132/33 bauten die Seldschuken den Tempel des Bel zu einer Festung aus. Zuletzt wohnte hier die Bevölkerung von Tadmor, bis sie 1929 in ein neues Dorf am Rande des antiken Stadtgebietes umgesiedelt wurde.

Die Hauptachse von Palmyra, die elf Meter breite und auf beiden Seiten von je sechs Meter breiten Säulenhallen begleitete Kolonnadenstraße, verbindet von Südosten nach Nordwesten zwei herausragende Baukomplexe der Stadt: den Beltempel und das Diokletianslager. Der Tempelbezirk des Bel, auf einer erhöhten Terrasse (210 x 205 Meter) gelegen, ist von einer durch korinthische Pilaster gegliederten Mauer umschlossen. Die Zugänge, ein Propylon und eine unterirdische Rampe für die Opfertiere, liegen im Westen, ebenso wie der Altar und ein Gebäude für die Opfermahlzeiten. Kleine Tonplättchen, die im Tempelbezirk gefunden wurden, dienten als Ausweise zur Teilnahme an den kultischen Mahlzeiten.

Im riesigen Innenhof, den ein Portikus mit Säulen korinthischer Ordnung umgibt, erhebt sich der eindrucksvolle Tempelbau, der in byzantinischer Zeit in eine Kirche umgewandelt wurde und nach der arabischen Eroberung bis 1939 als Moschee diente. Obgleich von der reichen Ausstattung – Bauornamentik, Reliefschmuck oder die mit vergoldeter Bronze ummantelten Kapitelle – nur wenig übriggeblieben ist, gewinnen wir eine gute Vorstellung von der ehemaligen Pracht.

Der Tempel verbindet westliche und orientalische Architekturformen. Griechischen Vorstellungen folgt der Grundriß dieses Heiligtums mit fünfzehn zu acht Säulen, dessen Vorbild der Tempel der Artemis in Magnesia am Mäander war. Orientalische Bautraditionen erkennen wir in der prunkvollen Architekturdekoration, dem seitlichen Eingang, dem flachen Terrassendach, den gestuften Zinnen und der Konzeption des Innenraumes mit zwei Kultnischen auf den Schmalseiten. Geweiht wurde der Tempel am 6. April 32, dem Tag des babylonischen Neujahrsfestes, während die Portiken erst im 2. Jahrhundert fertiggestellt werden konnten.

In der nördlichen Kultnische standen Bildnisse der Hauptgötter: Bel, der Herrscher des Universums, der dem babylonischen Marduk nähersteht als dem griechischen Zeus, zusammen mit seinen Trabanten, dem Sonnengott Yarhibol und dem Mondgott Aglibol. Die Decke besteht aus einer mächtigen Steinplatte, in deren Zentrum die Büsten von sechs Planetengöttern das Bild des Bel umgeben. Die äußere Umrandung bildet eine Darstellung der zwölf Tierkreiszeichen. In der südlichen Kultnische standen unter einer geometrisch dekorierten Deckenplatte Idole dieser Gottheiten, die bei den großen Prozessionen mitgeführt wurden.

Eine Vorstellung von der palmyrenischen Götterwelt vermitteln die am Tempelportal aufgestellten Querbalken vom Gebälk des Peristyls, die kultische Reliefs tragen. Ein Relief zeigt die palmyrenische Göttertrias Bel, Aglibol und Yarhibol gerüstet und mit Schwert und Lanze bewaffnet, daneben die Göttin Astarte in einem griechischen Gewand. Eine zweite Darstellung zeigt eine Opferszene mit dem Mondgott Aglibol und dem Fruchtbarkeitsgott Melakbel, die sich über einem Altar mit einem Pinienzapfen und Granatäpfeln die Hand reichen. Auf dem dritten Relief erkennen wir eine Prozession, in der auf einem Kamel ein heiliger Stein mitgeführt wird. Verschleierte Frauen, mit ganz wenigen Linien ausdrucksvoll dargestellt, folgen der Prozession.

Vom Tempelbezirk bietet sich ein guter Blick über die 1200 Meter lange Kolonnadenstraße, die keine gradlinige Gründungsachse ist, sondern erst in der Blütezeit von Palmyra erbaut wurde. Sie nimmt mit zwei Richtungsänderungen, die durch monumentale Toranlagen elegant kaschiert werden, offensichtlich Rücksicht auf eine ältere

Bebauung. Der erste Abschnitt – die Prozessionsstraße – verläuft vom Tempel des Bel zu einem dreitorigen, üppig dekorierten Prunktor, das durch einen dreieckigen Grundriß den Winkel zum nächsten Straßenabschnitt überbrückt. Inschriften lassen vermuten, daß auf dem Torbogen ein Reiterstandbild von Herodian, dem Sohn des Odainath, gestanden hat. Dahinter folgt mit der «guten Stube» von Palmyra der schönste Teil der Kolonnadenstraße bis zum Tetrapylon in der Stadtmitte, dessen Säulen aus dem wertvollen Rosengranit von Assuan geschnitten waren.

Zwischen Prunktor und Tetrapylon waren alle Säulen mit Konsolen ausgestattet, die Ehrenstatuen aus Marmor oder sogar aus Bronze trugen. Wir passieren den Tempel des Nabo, des mesopotamischen Gottes der Weisheit, den die Griechen mit Apollon gleichsetzten. Dieser korinthische Ringhallentempel mit 32 Säulen wurde weitgehend von der Familie des Elahbel finanziert, dessen Grabturm in der Südwest-nekropole steht. Anschließend folgen die Diokletiansthermen, unter denen der Palast der Zenobia vermutet wird, das Theater und die Agora. Die Säulenhallen der Agora waren mit etwa 200 Statuen ausgestattet, deren Inschriften uns die oligarchische Oberschicht von Palmyra vorstellen. Volk und Senat von Palmyra ehrten im Nordportikus palmyrenische und römische Würdenträger, im Westportikus Offiziere, im Ostportikus Senatoren und im Südportikus Kaufleute und Karawanenführer.

Unmittelbar vor dem Tetrapylon zweigt eine Straße zum Tempel des Baalshamin («Herr des Himmels») ab, an deren Eingang zwei Säulen auf Postamenten stehen. Eine davon trägt eine Ehrung für Iulius Aurelius Zabdila für seine Verdienste beim Empfang des Kaisers Severus Alexander im Jahre 231. Gegenüber liegt das dem römischen Kaiserkult geweihte Kaisareion. Die Säulen vor diesem Gebäude blieben Statuen und Ehrungen allerhöchster Würdenträger vorbehalten, so der Königin Zenobia und Septimius Odainath, dessen Ehrung gut erhalten ist: «Septimius Odainath, König der Könige, Fürst des Ostens – errichtet von Septimius Zabdas, Generalstabschef, und Septimius Zabbai, Stadtkommandant, im August des Jahres 582 (= 271).»

Hinter dem Tetrapylon führt die Kolonnadenstraße durch Wohngebiete mit wohlhabenden Peristylhäusern auf einen Grabtempel zu, der über einem unterirdischen Familiengrab errichtet wurde, und mündet in eine breite Querkolonnade ein. Sie verläuft in südwestlicher Richtung zum Damaskustor und passiert das Diokletianslagers. Dieses wurde um 300 von Sossianus Hierocles über einem älteren Stadtviertel errichtet. Das Lager mit seinen sich rechtwinklig kreuzenden Straßen (*via praetoria* und *via principalis*) ist für die römische Militärgeschichte hoch interessant, denn der gute Erhaltungszustand der Stabsgebäude (*principia*), insbesondere des Fahnenheiligtums, in dem die Legionsadler und andere Feldzeichen aufbewahrt wurden, ermöglicht eine hervorragende Vorstellung vom Allerheiligsten einer römischen Legion.

In das Diokletianslagers integriert war ein älteres Heiligtum der Allat, deren Kultbild die Göttin mit einem Szepter auf einem von zwei Löwen flankierten Thron zeigt. Von diesem Bild ist nichts erhalten, wohl aber von einem mächtigen Löwen, der den Eingang zum Hof bewachte. Zugleich schützte er eine Oryx-Antilope zwischen seinen Pranken, denn nach einer Inschrift auf dem Bein des Tieres hilft Allat denjenigen, die in ihrem Heiligtum kein Blut vergießen. In hadrianischer Zeit wurde hier ein Tempel mit sechssäuliger Vorhalle errichtet und das orientalische Kultbild durch eine bewaffnete Athena ersetzt, eine römische Kopie des Goldelfenbeinbildes der Athena Parthenos von Phidias. Beide Kultbilder stehen für die Entwicklung Palmyras von nomadisch geprägten Vorstellungen zur verfeinerten westlichen Stadtkultur.

Vom Damaskustor erreicht man die Südwestnekropole, in der sich Grabtürme und Hypogäen («unterirdische Gräber») befinden, die in den Inschriften «Häuser der Ewigkeit» genannt werden. Vornehme Familien hatten eigene Grabbauten, in größeren Gräbern wurden aber auch einzelne Plätze an Nichtfamilienangehörige verkauft. Die Grabtürme sind eine palmyrenische Erfindung: hohe Türme mit einer Gründungsinschrift über der massiven Steintür und mit reicher Innenausstattung, die aufgrund ihrer mehrgeschossigen Bauweise bis zu 400 Leichname in horizontalen Grabschächten aufnehmen konnten. Verschlossen wurden die Grablagen jeweils durch eine Reliefplatte mit der Büste des Verstorbenen. Der Grabherr selbst wurde zumeist in einem reichgeschmückten Sarkophag beigesetzt. Die Grabtürme stammen aus dem 1. und 2. Jahrhundert und sind oft mit Hypogäen kombiniert. Besonders gut erhalten sind die Grabtürme des Kithot (40 n. Chr.), des Iamlikhu (83 n. Chr) und des Elahbel (103 n. Chr.).

In der Nähe liegt das Hypogäum des Yarhai, eines Großkaufmanns, von dessen weitreichenden Handelsaktivitäten gut ein Dutzend Inschriften auf der Agora berichtet. Sein Grabmal stammt aus dem Jahre 108 und ist im Nationalmuseum von Damaskus originalgetreu wieder aufgebaut worden. Im Hauptraum fällt das Auge auf einen prächtigen Sarkophag, auf dem Yarhai im Kreis seiner Familie beim Totenmahl dargestellt ist. Weiter außerhalb liegt das «Hypogäum der drei Brüder» (um 140), ein Familiengrab mit schönen Sarkophagen und Fresken mit frontal dargestellten Viktorien, die Medaillons mit Bildern der Verstorbenen halten. Daneben finden sich Themen der griechischen Mythologie: Göttervater Zeus, der in Gestalt eines Adlers den Ganymed entführt, und der junge Achilles, der, in Frauenkleidern unter den Töchtern des Lykomedes versteckt, dem Spruch des Delphischen Orakels entgehen sollte, das ihm den Tod im Troianischen Krieg vorhergesagt hatte.

Im Museum von Palmyra gewinnt man einen schönen Überblick über die Grabkunst, ist erstaunt über die prächtigen Gewänder, in denen die Verstorbenen dargestellt sind, und über den überreichen Goldschmuck, den die vornehmen Damen trugen: Diademe, Ohrgehänge, bis zu drei Halsbänder, meist paarweise getragene Armreifen und mehrere Fingerringe. Nicht nur Inschriften, sondern auch Reliefs geben Aufschlüsse über die Herkunft des Reichtums bedeutender Familien, indem Kamelkarawanen oder die Segelschiffe der Handelsherren abgebildet sind.

Die herrlichen Grabtürme sind mit Bedacht auf das Stadtzentrum von Palmyra ausgerichtet; der beste Blick über das antike Stadtgebiet und die Oase bietet sich aber kurz vor Sonnenuntergang von der mittelalterlichen Burg. Vor dem purpurnen Himmel wird die Oase zu einer dunkelgrünen Insel in einem goldglänzenden Sandmeer. Im Zentrum erstrahlen die gewaltigen Mauern des Bel-Tempels, die Säulen der großen Kolonnadenstraßen und die hohen Grabtürme im Licht der untergehenden Sonne – ein Sinnbild für die Vergänglichkeit von Macht und Reichtum der Oasenstadt Palmyra sowie für Aufstieg und Fall ihrer schon zu Lebzeiten legendären Königin Zenobia.

Über den Olivenbäumen und Palmengärten der Oase von Palmyra erhebt sich auf einer monumentalen Terrasse der von Säulenhallen umgebene Bel-Tempel.

Der Tempel des Bel in Palmyra (32 n. Chr.)

Blick aus dem Hof des Bel-Tempels auf den Portikus der Westfassade

Ein Kultrelief vor dem Portal des Bel-Tempels zeigt den Mondgott Aglibol an einem Altar mit Granatäpfeln und Pinienzapfen. Für diese Opferhandlung konnte die Oase nur die Granatäpfel liefern, die Pinienzapfen mußten nach dem Text des palmyrenischen Steuergesetzes importiert werden.

Monumentales Prunktor zwischen Prozessionsstraße und großer Kolonnadenstraße

Im Zentrum von Palmyra erhebt sich das Tetrapylon, dessen Säulen aus den Rosengranit-Steinbrüchen von Assuan stammen.

Gewitterstimmung über Palmyra und der arabischen Burg Kal'at ibn Ma'an

Löwenskulptur aus dem Tempel der Allat, die heute vor dem Museum in Palmyra wiederaufgestellt worden ist

Die arabische Burg über dem antiken Stadtgebiet von Palmyra

Eine eigenständige Schöpfung der Palmyrener sind die hohen Grabtürme, die sich besonders gut in der Südwestnekropole erhalten haben.

Fresken im unterirdischen «Grab der Drei Brüder»

RÖMISCH-BYZANTINISCHE STADTFESTUNGEN AM EUPHRAT

Bei Einrichtung der Provinz Syria durch Pompeius im Jahre 64 v. Chr. konnte Rom seine Herrschaft nur östlich von Beroia (Aleppo) bis an den Euphrat vorschieben, der vertraglich als Interessensgrenze zwischen Rom und Parthien festgelegt wurde. Ansonsten beschränkte sich Roms Macht auf den Streifen vom Euphratknie bei Barbalissos über Apameia am Orontes bis Damaskus. Erst im 1. Jahrhundert n. Chr. konnte mit der Ausweitung des römischen Einflusses auf Palmyra die Reichsgrenze weit gegen die syrische Wüstensteppe vorgeschoben werden. Eine von zahlreichen Kastellen gesicherte Grenzstraße verband Damaskus mit Palmyra und erreichte in einem Bogen über Rusafa bei Soura den Euphrat.

Roms Ambitionen in der Syrischen Wüste waren erreicht, am Euphrat aber sollte die Grenze noch weiter nach Süden vorgeschoben werden. Dabei ging es nicht nur um eine einträgliche Handelsroute, sondern auch um den militärischen Flankenschutz für künftige Partherfeldzüge. Ziel der römischen Interessen war die 300 v. Chr. von Seleukos I. gegründete Euphratfestung Dura Europos. Hier sammelten sich die Karawanen vom Persischen Golf, bevor sie den beschwerlichen Weg durch die Wüste nach Palmyra und zum Mittelmeer antraten. Lange Zeit war dieser Handelsstützpunkt zwischen Parthern und Seleukiden heftig umkämpft, bis 128 v. Chr. die Seleukiden nicht nur Mesopotamien, sondern auch Dura Europos abtreten mußten. Kaiser Traian gelang im Jahre 116 eine kurzzeitige Einnahme dieser Festung, die endgültig erst 165 von Lucius Verus erobert und in die Provinz Syria integriert werden konnte.

Die römische Herrschaft über Dura Europos dauerte nur knapp 90 Jahre, da östlich des Euphrats die Sasaniden die Nachfolge der Parther antraten und sich schnell zu einem gefährlichen Gegner Roms entwickelten. Vor allem König Shapur I. konnte 253 und 256 tief in die Provinz Syria vordringen und zahlreiche Städte erobern. In Dura Europos waren die Verwüstungen so groß, daß die Festung von den Römern aufgegeben wurde und innerhalb weniger Jahrzehnte verödete. Künftig stützte sich die römische Grenzverteidigung auf Rusafa, Soura und Zenobia. Kaiser Diokletian (284–305) stationierte in Soura die *legio XVI Flavia firma*, in Rusafa und Zenobia standen kleinere Militäreinheiten. Mit der Verschärfung des byzantinisch-persischen Konfliktes wurden Rusafa und Zenobia von Kaiser Iustinian (527–565) zum Schutz Syriens zu bedeutenden Stadtfestungen ausgebaut.

Die Festungen von Dura Europos, Zenobia und Rusafa sind hervorragend erhalten, da in ihrer Nähe keine Siedlungen lagen, so daß ein Steinraub im größeren Stil ausblieb. Alle Gebäude wurden aus einem in der Umgebung anstehenden kristallinen Gipsstein errichtet, der im Laufe der Zeit brüchig geworden ist, aber gerade dadurch einen guten Eindruck vom «Euphratstil der Marienglasbauten» vermittelt. Insgesamt machen der Umfang der Bauarbeiten und die historische Überlieferung deutlich, welche enormen finanziellen Anstrengungen das Byzantinische Reich im 6. Jahrhundert unternommen hat, um seine Grenzen im Osten zu schützen.

Schon aus der Ferne erkennt man in Dura Europos (Salihiye) die durch quadratische Türme verstärkte Westmauer aus großen Gipssteinquadern. Man betritt die Stadt durch das monumentale «Palmyra-Tor», an dessen Wänden von römischen Wachsoldaten Inschriften eingeritzt worden sind. Von diesem Tor führt die Hauptstraße durch ein rechtwinkliges Straßennetz zum Euphrat. Die Gebäude sind erheblich schlechter erhalten als die Stadtmauer, aber wir erkennen im Zentrum die Tempel für Artemis und Atargatis. In exponierter Lage liegt hoch über dem Euphrat die Residenz des römischen Stadtkommandanten, der sich im ehemaligen parthischen Palast eingerichtet hatte. Im Nordteil der Stadt wurde von den Römern ein ganzes Viertel niedergelegt und zur Garnison mit Kommandantur, Kasernen und Tempeln für die Militärgötter Zeus Dolichenos und Mithras ausgebaut. Stationiert war hier die *cohors X Palmyrenorum*, eine Einheit von Bogenschützen, die in Krisenzeiten von der *legio XVI Flavia firma* und der *legio IIII Scythica* verstärkt wurde.

Für den Rückweg zum «Palmyra-Tor» empfiehlt sich der Weg entlang der Stadtmauer. Dort bekommt man einen Eindruck von den verzweifelten Verteidigungsanstrengungen der Stadt im Jahre 256 gegen ihre sasanidischen Belagerer. Mehrere Gebäude wie eine christliche Hauskirche und eine jüdische Synagoge mußten zur Verstärkung der Befestigung mit Schutt verfüllt werden. Nur deshalb haben sich die einzigartigen Fresken beider Kultstätten, die sich im Nationalmuseum von Damaskus und in der Gallery of Fine Arts der Yale-Universität befinden, so ausgezeichnet erhalten. Gleichzeitig sehen wir Mauerabschnitte, an denen die Zerstörungen nicht mehr sorgfältig mit Gipssteinquadern, sondern nur noch notdürftig mit Ziegeln ausgebessert werden konnten.

Nur ein Jahrzehnt nach der Aufgabe von Dura Europos gründete Königin Zenobia von Palmyra oberhalb einer Euphratfurt die Festung Zenobia (Halabiye), die im Jahre 272 nach der Eroberung von Palmyra von römischen Truppen besetzt wurde. Nach einer ersten Zerstörung durch die Sasaniden ließ Iustinian im Jahre 540 die Stadt durch Isidoros von Milet, einen der Architekten der Hagia Sophia in Konstantinopel, stärker befestigen, doch spielte sie nach der Einnahme durch Khosrau II. im Jahre 610 keine Rolle mehr.

Hervorragend erhalten sind die mächtigen Mauern mit viereckig vorspringenden Türmen, die sich vom Euphrat zur hochgelegenen Zitadelle hinaufziehen. Machtvoll springt das mehrgeschossige Stabsgebäude, in dem der Festungskommandant residierte, etwas unterhalb der Zitadelle über die Nordmauer vor. Von hier bietet sich der beste Blick auf das Stadtareal mit den Ruinen zweier Basiliken und auf den grünlich schimmernden Euphrat, die Grenze des Römischen Reiches zum Sasanidenreich.

Anders als die Festungen Dura Europos und Zenobia lag Rusafa nicht direkt am Euphrat, sondern gut 25 Kilometer entfernt in der Wüstensteppe. Zunächst war Rusafa nur ein kleines römisches Wüstenkastell, in dem eine Kamelreitertruppe stationiert war, die sich aus den umwohnenden Beduinenstämmen rekrutierte. In dieser Situation erwies sich das Martyrium eines Gardeoffiziers namens Sergios, der um das Jahr 305 wegen seines christlichen Glaubens hingerichtet wurde, für Rusafa als ausgesprochener Glücksfall. In Windeseile verbreitete sich der Ruhm des Märtyrers im ganzen Byzantinischen Reich, und Rusafa wurde zu einem bedeutenden Wallfahrtsort. Seine höchste wirtschaftliche Blüte erreichte Rusafa, das in Sergiopolis umbenannt wurde, in der Zeit des Kaisers Iustinian (527–565), dessen umfangreiche Bautätigkeit uns der Hofschriftsteller Prokop von Kaisareia überliefert hat: «Kaiser Iustinian umgab den Ort mit einer starken Mauer und verschaffte durch die Anlage von großen Zisternen den Einwohnern Wasser im Überfluß. Zudem ließ er Häuser, Wandelhallen und sonstige Bauten errichten, die einer Stadt zum Schmuck dienen. Auch eine Besatzung zur Verteidigung der Festungsmauer im Notfall legte er in die Stadt.»

Der frühbyzantinische Mauerring, der ein unregelmäßiges Karree von etwa 400 x 500 Meter bildet, prägt bis heute das Bild von Rusafa. Die ursprünglich 14 Meter hohe Mauer wurde durch 50 Wehrtürme verschiedener Größe und Form verstärkt und war auf der Innenseite mit einem zweigeschossigen Wehrgang ausgestattet. Man betritt die Stadt am besten durch das monumentale dreibogige Nordtor, das als Repräsentationstor besonders reich dekoriert ist. Eine Ladenstraße führt in das Stadtareal hinein, das von Hunderten kleiner Krater bedeckt ist, in denen wir die Reste der eingefallenen mittelalterlichen Bienenkorbhäuser erkennen. Dazwischen erheben sich bis in eine Höhe von vier Metern über dem Wohnschutt vergangener Jahrhunderte die großen Kirchenbauten Iustinians.

Als erstes erreicht man einen riesigen Zentralbau, der an die große Kathedrale von Bostra erinnert und einen fast barocken Raumeindruck vermittelt. Der weitere Weg führt zum Kervansaray, zu den Zisternen, zu einer großen Säulenbasilika und zur Kreuz- oder Sergioskathedrale, die nach einer in der Apsis gefundenen Mosaikinschrift im Jahre 559 vom Bischof Abraham geweiht wurde. Bei der Sergioskathedrale handelt es sich um eine dreischiffige Weitarkadenbasilika, die dem Vorbild der Basilika von Kalb Loze folgte und zum Symbol für den Reichtum der Pilgerstadt Sergiopolis wurde. Zur kostbaren Ausstattung gehörten ein qualitätvolles Mosaik mit lebensgroßen Tierbildern sowie kostbarer, aus Kleinasien und Griechenland importierter Marmor. Allerdings war die Ausführung des großartigen Architekturentwurfs nicht gerade erdbebensicher. Im 9. Jahrhundert mußten die zwölf Meter weiten Arkadenbogen durch Doppelarkaden und Füllmauerwerk unterfüttert werden, während die Außenwände durch mächtige Stützpfeiler aus Ziegeln gesichert wurden.

Im Jahre 636 wurde Rusafa von den Arabern erobert, erlebte aber unter den Omaijaden einen neuen Aufschwung, da Kalif Hisham (724 bis 743) sich auf der Flucht vor der Pest bei Rusafa eine Residenz anlegte. Seither ist für Rusafa die Koexistenz von Christentum und Islam belegt. In der Sergioskathedrale fanden bis in das 13. Jahrhundert Gottesdienste statt, während sich in einer Moschee im ehemaligen Pilgerhof die Muslime zum Gebet versammelten. Rusafas Niedergang begann aber schon Ende des 8. Jahrhunderts mit einem Erdbeben, durch das sich auch die Wasserversorgung verschlechterte. Der arabische Geograph Yakut berichtet, daß die reichen Bürger ihre Sklaven mit Eseln zum Wasserholen an den 25 Kilometer entfernten Euphrat schickten, da die Brunnen nur noch salziges Wasser lieferten und der Zufluß zu den Zisternen nicht mehr ausreichte. Nach dem Mongolensturm von 1258 bis 1260 wurde Rusafa endgültig aufgegeben.

Heute trifft man überall im Wüstengebiet um Rusafa, Zenobia und Dura Europos auf die schwarzen Zelte und großen Schafherden der Beduinen. Diese lebten schon in der Spätantike in der Wüstensteppe und bildeten mit den Städten eine enge Wirtschaftsgemeinschaft. Denn sie verkauften auf den städtischen Märkten ihre Milch- und Fleischprodukte sowie die Felle ihrer Tiere und erwarben im Gegenzug die Fertigwaren, die sie für das Leben in der Wüste benötigten. Mit der Aufgabe der byzantinischen Festungen mußten sie sich neue Märkte erschließen, die sie zunächst in Rakka und später auch in Deir ez-Zor fanden.

Rakka hatte im 8. Jahrhundert Rusafa längst überflügelt, genoß das Wohlwollen der Abbasiden in Bagdad und war 796–808 Residenz des Kalifen Harun ar-Raschid, der von hier sein Weltreich regierte. Erhalten sind nur wenige Lehmziegelbauten: Teile der Stadtmauer mit dem Bagdad-Tor, die Große Moschee und das Kasr al-Banat («Mädchenschloß»). Dagegen wurde Deir ez-Zor erst 1840 als osmanisches Verwaltungszentrum gegründet. Bis heute herrscht im Suk jeden Morgen ein lebhaftes Treiben stolzer Beduinen in bunten Gewändern. Die Händler preisen in höchsten Tönen ihre Waren an, Käufer und Verkäufer suchen sich lautstark über den Preis zu einigen. Genauso muß man sich das Treiben auf den antiken Märkten in Rusafa, Zenobia und Dura Europos vorstellen.

Beduinenmädchen auf einem Architravblock vor dem Nordtor von Rusafa

Das «Palmyra-Tor» der Euphratfestung Dura Europos

Blick über die Frühjahrsfelder im Euphrattal auf Zitadelle und Stadtmauer von Zenobia

Gewölbekonstruktion im Stabsgebäude von Zenobia

Eindrucksvoll ragen Türme und Mauern von Rusafa aus der Wüstensteppe auf

Das repräsentative Nordtor von Rusafa

Sergioskathedrale in Rusafa: Ein Blick durch die Arkadenbogen des Mittelschiffes zeigt, daß die weiten Arkaden zur Behebung von Erdbebenschäden des 8. Jahrhunderts durch kleinere Bogenstellungen gesichert werden mußten, die auf Säulen mit byzantinischen Kapitellen ruhen.

Das Bagdad-Tor in Rakka stammt aus der Zeit des berühmten Harun ar-Rashid (786–809)

Beduinenzelt in der Umgebung von Zenobia

BYZANTINISCHE UND OMAIJADISCHE WÜSTENSCHLÖSSER

Stützte sich die römisch-byzantinische Grenzverteidigung am Euphrat auf Großfestungen und schlagkräftige Legionen, um die mobilen Reiterheere der Parther und Sasaniden in Schach zu halten, so hatte der Limes in der Wüstensteppe zwischen Damaskus und dem Euphrattal eine andere Aufgabe. Er war gegen die Beduinenstämme gerichtet, die ständig Beutezüge in das Gebiet der seßhaften, Ackerbau treibenden Bevölkerung unternahmen. So orientierte sich dieser Limes nicht nur an geographischen, sondern auch an klimatischen Faktoren. Sein östlicher Verlauf folgte weitgehend der 200 Millimeter Jahresniederschlagsgrenze, jenseits der kein Trockenfeldanbau mehr möglich ist.

Entlang und im Hinterland der Grenzstraße von Damaskus über Palmyra an den Euphrat wurde ein dichtgestaffeltes System von befestigten Straßen, Kastellen, Wachtürmen, Wehrsiedlungen, und Wasserplätzen geschaffen. Weder vor noch nach dem 4. bis 6. Jahrhundert konnten die Bauern das Kulturland so weit nach Osten ausdehnen und in Gebiete vordringen, in denen eine ständige Besiedlung erst durch den Bau von Zisternen möglich wurde. Voraussetzung für diese Agrarexpansion war, daß der byzantinische Staat die Grenzbauern vor den Beduinen schützte.

Unter den byzantinischen Kastellen nimmt das Kasr Ibn Wardan eine Sonderstellung ein. Gut 55 Kilometer nordöstlich von Hama im Übergang vom Kulturland zur Wüstensteppe gelegen, besteht diese Anlage aus einem Palast, einer Kirche und einer Kaserne. Nach der Bauinschrift über dem Palasttor wurde sie im Jahre 564 errichtet. Einzigartig für den syrischen Raum ist die Kombination von Basalt, Kalkstein und gebrannten Ziegeln, wodurch ein eindrucksvoller Farbeffekt erzielt wurde. Die Baumaterialien müssen von weit herangeschafft worden sein, der Architekt und die Bauhandwerker dürften aus Konstantinopel gekommen sein. Den Byzantinern gelang es, in den Grenzgebieten eine große Zahl von Nomaden seßhaft zu machen, die wiederum über beste Kontakte zu nichtseßhaften Stämmen verfügten.

So konnten erste Stämme gegen jährliche Subsidien zur Sicherung bestimmter Grenzabschnitte verpflichtet werden. Unter diesen Stämmen gewannen im 6. Jahrhundert die christianisierten Ghassaniden an Bedeutung und erlangten die Vorherrschaft über alle Grenzstämme. Zur Stabilisierung ihrer Herrschaft legten sie im Grenzgebiet mehrere repräsentative Bauten an, darunter auch die Audienzhalle vor dem Nordtor von Rusafa, in der ihr Fürst al-Mundir im Jahre 575 eine byzantinische Gesandtschaft empfing.

Mit dem Ende der byzantinischen Herrschaft über Syrien im Jahre 636 brach auch der ghassanidische Stammesverband auseinander. Die Omaijaden, die 661–750 von Damaskus aus ein Weltreich regierten, setzten sich an die Spitze einer neuen Stammeskonföderation. Von Rusafa über Damaskus bis Amman erbauten sie nach dem Vorbild der Ghassaniden in den Weidegebieten verbündeter Stämme repräsentative Paläste, oft an der Stelle byzantinischer oder ghassanidischer Kastelle. Große Landgüter dienten der Versorgung dieser Wüstenschlösser, die in ihrer politischen Funktion den Kaiserpfalzen des europäischen Mittelalters glichen. Eindrucksvoll sind zwei Anlagen des Kalifen Hisham (724–743): Kasr al-Hair al-Gharbi zwischen Damaskus und Palmyra sowie Kasr al-Hair ash-Sharki zwischen Palmyra und Deir ez-Zor.

Das Kasr al-Hair al-Gharbi («Schloß am westlichen Wildgehege») wurde oberhalb eines Wadis bei einem ghassanidischen Wehrkloster aus dem Jahre 559 errichtet und vom 16 Kilometer entfernten römischen Harbaka-Staudamm mit Wasser versorgt. Zur Anlage gehörten inmitten kunstvoll angelegter Gärten der Palast, ein Kervansaray, ein Bad, ein offenes Wasserreservoir und eine Wassermühle, die auf den Anbau von Getreide schließen läßt. Der quadratische Palast mit einer Seitenlänge von 70 Metern bezog den alten Klosterturm ein und überschaute mit seiner repräsentativen stuckverzierten Portalfassade das Flußtal im Osten. Um den inneren Arkadenhof reihten sich mehrere zweigeschossige Wohntrakte für die Kalifenfamilie und den Hofstaat. Die Räume im Osttrakt, von denen der Thronsaal über dem Portal mit herrlichen Wandmalereien und ornamentierten Holzreliefs geschmückt war, dienten offiziellen Anlässen wie den Empfängen für die Führer der Beduinenstämme.

Heute ragen nur noch die Grundmauern des Palastes und der Klosterturm aus dem Wüstensand hervor. So muß man sich im Nationalmuseum von Damaskus, an dessen Eingang das reichgeschmückte Palasttor wiederentstanden ist, einen Eindruck von der herrlichen Bauplastik und Wandmalerei verschaffen. An vielen Bildern werden byzantinische und sasanidische Einflüsse auf die Kunst der Omaijaden deutlich. Ein Fresko mit der Erdgöttin Gaia in einem von Meereswesen umgebenen Medaillon greift ein Motiv der antiken Mythologie auf, das auch in der byzantinischen Kirchenkunst begegnet. Ein Bild mit Musikanten und einem auf einem Roß dahinsprengenden Prinzen bei der Antilopenjagd erinnert an sasanidische Vorbilder.

Das Kasr al-Hair ash-Sharki («Schloß am östlichen Wildgehege»), das an der Stelle einer antiken Domäne liegt, ist nur auf einer Piste zu erreichen. Zuerst gelangt man an eine turmverstärkte, einst 16 Kilometer lange Mauer aus Steinen und Ziegeln, die ein Areal von etwa 850 Hektar umgab. Am Nordrand des Wildgeheges, das mit Wasser aus der 15 Kilometer entfernten Oase at-Taibe versorgt wurde, errichtete Hisham zwei Bauwerke – ein monumentales Wüstenschloß und eine ummauerte Siedlung mit dem Grundriß eines römischen Kastells.

Das 14 Meter hohe Mauergeviert des Wüstenschlosses besteht aus verputzten Kalksteinblöcken mit einem oberen Ziegelabschluß. Zwischen den runden Ecktürmen verstärken je zwei halbrunde Türme die Außenwände. Auf der Westseite sind diese Türme eng zusammengezogen, so daß sie das Portal flankieren, über dem sich zur Verteidigung ein Gußerker befindet. Eine Architekturdekoration mit Blendnischen zwischen gedrehten Säulen verbindet die Türme und verleiht dem Torbau einen einheitlichen Charakter. Im Innenraum wurde ein Teil des gepflasterten Hofes freigelegt; er war von einem Säulengang umgeben, dessen Kapitelle von einem antiken Bauwerk stammen.

Zum Abschluß der Besichtigung sollte man in eines der oberen Turmgeschosse oder sogar auf den Mauerkranz hinaufsteigen. Von dort bietet sich ein herrlicher Blick auf die benachbarte Kastellsiedlung und über das Wildgehege hinaus auf die in der Hitze flimmernde Wüste. In diesem Augenblick kommt einem die Vorstellung, daß die omaijadischen Kalifen hier in einer blühenden und gepflegten Gartenlandschaft zur Jagd ausritten, wie eine Fata Morgana vor.

Gern öffnet der beduinische Wärter den Besuchern die Palastkirche von Kasr Ibn Wardan

Palastkirche von Kasr Ibn Wardan (564 n. Chr.)

Wiederaufgebautes Palasttor von Kasr al-Hair al-Gharbi im Nationalmuseum von Damaskus

Blick aus der Wohnsiedlung auf das Palasttor von Kasr al-Hair ash-Sharki

Im Palasthof von Kasr al-Hair ash-Sharki

Umfassungsmauer des Wildgeheges von Kasr al-Hair ash-Shark

KREUZRITTERBURGEN AM MITTELMEER

Als im Jahre 1071 die Seldschuken in der Schlacht von Malazgirt das byzantinische Heer vernichteten, 1076 Damaskus eroberten und wenig später den ägyptischen Kalifen Jerusalem entrissen, war den christlichen Pilgern der Zugang zu den heiligen Stätten verwehrt. Die Reaktion des Abendlandes ließ nicht lange auf sich warten. Am 27. November 1095 rief Papst Urban II. auf der Synode von Clermont die Fürsten und Ritter zu einem Kreuzzug auf, der nicht nur die Pilgerschaft in das Heilige Land sichern, sondern auch ein «Heiliger Krieg» gegen die Ungläubigen sein sollte. Gleichzeitig versprach ein Erfolg mehr Frieden in der Heimat, d. h. ein Ende der ewigen Fehden und drückenden sozialen Mißstände.

Die Idee der bewaffneten Pilgerfahrt in das Heilige Land wurde mit großer Begeisterung aufgenommen, so daß Tausende – Bauern, Bürger, Kleriker, Ritter, Fürsten und Könige – zu den Kreuzzügen aufbrachen. Allerdings kamen unter dem Zeichen des Kreuzes nicht nur fromme und opferbereite Idealisten, sondern sehr unterschiedliche Interessensgruppen zusammen: land- und machthungrige Abenteurer und Adlige, auf die in der Heimat kein Erbe wartete, profitorientierte Kaufleute aus den italienischen Handelsstädten, infolge von Mißernten verarmte und unterernährte Massen aus Südfrankreich und Italien sowie ein von der Kirche bis zur Selbstgeißelung fanatisierter Pöbel.

Das ist nur die eine, die dunkle Seite der Kreuzzüge. In Syrien begegneten die Kreuzfahrer einer hochstehenden Kultur. Sultan Saladin war ein gebildeter, ritterlicher Gegner für Richard Löwenherz, der im Abendland höchste Anerkennung fand. Interessant ist auch das freundschaftliche Verhältnis von Richard Löwenherz zu Saladins Bruder al-Adil, dem er seine Schwester zur Frau geben und die er beide mit dem Königreich Jerusalem belehnen wollte, um den Krieg um die heiligen Stätten zu beenden. Richard Löwenherz schlug al-Adil zum Ritter, und dieser begegnet uns später als enger Vertrauter Friedrichs II. von Hohenstaufen.

Toleranz und Fanatismus, blutige Schlachten und friedliche Koexistenz prägten die Zeit der Kreuzzüge, über die wir durch lateinische und arabische Quellen gut informiert sind. Wir haben sogar den ausführlichen Lebensbericht des syrischen Ritters Usama ibn Munkidh (1095–1188), dessen Onkel der Herr von Kal'at Shaizar nordwestlich von Hama war. In seinen Memoiren zeichnet Usama ibn Munkidh ein authentisches Bild von den Lebensverhältnissen in den islamischen Staaten und vom Alltag eines Ritters in den stürmischen Tagen der Kreuzzüge. So berichtet er von seinen persönlichen Erfahrungen, seinen Kämpfen mit den Kreuzrittern und seinen Erlebnissen bei der Jagd. Dazu erweist er sich als aufmerksamer Beobachter, wenn er von seinen Erfahrungen mit der rückständigen Medizin der Kreuzfahrer oder über die ihm fremden Sitten der Franken genannten Eindringlinge spricht.

Der 1. Kreuzzug (1096–1099) fiel in eine Zeit, in der die Seldschuken des Iran und die Fatimiden Ägyptens Ansprüche auf ein Syrien erhoben, das vom Machtkampf der türkischen Emire von Aleppo, Hama, Homs und Damaskus gelähmt war. Die Kreuzfahrer trafen auf keine einheitliche Front und konnten in kurzer Zeit eigene Staaten gründen: Fürstentum Antiocheia, Grafschaft Edessa, Grafschaft Tripolis und Königreich Jerusalem. Zeitgenössischen arabischen Historikern war die innere Zerrissenheit der arabischen Welt bewußt, und sie sahen in den Kreuzfahrern eine Strafe Allahs. Erst Imad ad-Din Zangi (1127–1146), der Herr von Mossul und Aleppo, und sein Sohn Nur ad-Din (1146–1174), der später Damaskus zur Residenz erhob, konnten der Expansion der Kreuzfahrer Einhalt gebieten und 1144 die Grafschaft Edessa zurückerobern. Der Verlust von Edessa führte zum 2. Kreuzzug (1147–1149), doch löste sich dieser unter den Angriffen der Seldschuken bereits in Kleinasien auf.

Fortgesetzt wurde das Werk der Zangiden von dem im Irak geborenen Aijubiden Saladin (1171–1193). Dieser trat zunächst die Nachfolge der Fatimiden in Ägypten an und eroberte 1174 auch Damaskus und Aleppo, so daß seine Herrschaft die Kreuzfahrerstaaten vollständig umschloß. Von diesen durch Überfälle auf seine Karawanen herausgefordert, gelang ihm 1187 bei Hattin ein vernichtender Schlag gegen die Kreuzfahrer. Etwa 2600 Ritter fielen oder gerieten mit dem

König von Jerusalem und dem Großmeister des Templerordens in Gefangenschaft, so daß viele Burgen nicht mehr ausreichend geschützt waren. In schneller Folge eroberte Saladin die wichtigsten Stützpunkte und die Heilige Stadt Jerusalem. Nur die Küstenstädte Tyrus, Tripolis, Tartus und Antiocheia sowie die nordsyrischen Burgen Krak des Chevaliers, Kal'at al-Markab und Safita konnten von den Kreuzfahrern gehalten werden.

Der 3. Kreuzzug (1189–1192) führte zu einer Entlastung der Kreuzfahrer, die einige Küstenstädte zurückgewannen, darunter die neue Hauptstadt Akkon. In dieser Zeit übernahmen die Orden der Johanniter und Templer zahlreiche Burgen der christlichen Feudalherren und wurden so zum eigentlichen Träger des «Heiligen Krieges». Am 2. September 1192 aber schlossen Richard Löwenherz und Saladin einen Friedensvertrag, der von der Erkenntnis diktiert wurde, daß keine Partei stark genug war, einen endgültigen Sieg zu erringen. Jerusalem verblieb unter der Herrschaft von Saladin, aber man einigte sich über den freien Pilgerverkehr.

Als Saladin wenige Monate später in Damaskus starb, zerfiel sein Reich in Emirate, die zwar noch mit den Christen, aber auch untereinander Krieg führten. Das gab den Kreuzfahrerstaaten gut 50 Jahre Ruhe und ermöglichte einen intensiven Kulturaustausch, zumal die Integration der Kreuzfahrer in ihre arabische Umwelt schnelle Fortschritte machte.

Bereits im Jahre 1127 hatte Fulcher von Chartres in seiner Kreuzzugschronik notiert: «Wir Abendländer sind zu Orientalen geworden; wer Römer oder Franzose war, ist hier Galiläer oder Palästinenser geworden; wer aus Reims oder Chartres stammte, wurde zum Tyrer oder Antiochener. Viele besitzen eigene Häuser und Diener wie aus väterlichem Erbrecht, andere heirateten, aber nicht nur eine Landsmännin, sondern auch eine Syrerin oder Armenierin, bisweilen sogar eine getaufte Sarazenin… Täglich folgen uns Verwandte, die allen Besitz zurücklassen. Denn wer dort arm war, den hat Gott hier reich gemacht, wer kein Geld hatte, der besitzt hier viele Goldmünzen, und wer kein Dorf besaß, dem gehört hier durch Gottes Gnade eine ganze Stadt. Warum sollte ins Abendland zurückkehren, wer hier einen solchen Orient fand?»

Erst als sich der Mamlukensultan Baibars (1260–1277) nach Abwendung der Mongolengefahr im Jahre 1263 gegen die Kreuzfahrer wandte, war deren Schicksal endgültig besiegelt, da sie es nicht mit einem vereinten Syrien und Ägypten aufnehmen konnten. Unter Baibars und seinem Nachfolger Kalawun (1277–1290) fiel ein Stützpunkt nach dem anderen, 1271 der Krak des Chevaliers und 1285 Kal'at al-Markab. Als 1291 Kalawuns Sohn ash-Ashraf Halil nach langer Belagerung Akkon einnahm, räumten die Kreuzritter wenige Monate später auch Tyros, Sidon, Beirut und Tartus. Nur auf der Tartus vorgelagerten Inselfestung Arwad konnten sich die Templer noch bis 1302 halten.

Nach knapp 200jähriger Herrschaft über das Heilige Land ließen die Kreuzfahrer Stadtfestungen, Kirchen und Burgen zurück, die den europäischen Reisenden mit seinem eigenen Erbe in einer fremden Umgebung konfrontieren. Im heutigen Syrien sind vor allem die Städte Tartus mit der Insel Arwad und Safita sowie die Burgen Kal'at Sahyun, Kal'at al-Markab und Krak des Chevaliers zu nennen.

Tartus, das fränkische Tortosa, ist eine lebhafte Kleinstadt am Mittelmeer, deren Altstadt sich in den Resten der Kreuzfahrerfestung eingerichtet hat und die von der Seeseite einen schönen Anblick bietet. In der Wohnstadt liegt die spätromanisch-frühgotische Marienkathedrale, die zwischen 1123 und dem 13. Jahrhundert erbaut wurde und als eine der schönsten Kirchen der Kreuzfahrer gilt. Sie war ein berühmter Wallfahrtsort, der wegen einer Marienikone aufgesucht wurde, die vom Evangelisten Lukas gemalt worden sein soll. Als die Stadt 1291 eingenommen wurde, flüchteten die letzten Ritter mit dieser Ikone nach Zypern.

Das bedeutendste Erbe der Kreuzfahrer in Nordsyrien sind ihre Burgen, die meist an bereits befestigten Plätzen angelegt wurden und einheimische mit europäischen Traditionen verbanden. Der Grundtyp ist ein mächtiger Turm (Donjon) innerhalb einer Ringmauer, wofür die Burg Safita (Castel Blanc) auf einem Ausläufer des Djebel Ansariye beispielhaft ist. Bis heute wird die Stadt von einem eindrucksvollen Donjon beherrscht, der mehrere Funktionen in sich vereinte: Wehrturm, Burgkapelle, Rittersaal, Zisterne und letzte Zuflucht. Castel Blanc hatte wie das benachbarte Castel Rouge (Kal'at Yahmur) reinen

Defensivcharakter und stand in Sichtverbindung mit Tortosa und dem Krak des Chevaliers. Bedeutende Offensivburgen in Nordsyrien sind Kal'at Sahyun, Kal'at al-Markab und Krak des Chevaliers.

Im Osten von Latakya liegt Kal'at Sahyun zwischen tiefen Schluchten auf einem bis zu 150 Meter breiten Bergrücken. Die stärksten Befestigungen mit dem Donjon befinden sich an der Nordostseite, wo die Burg durch einen künstlichen Graben gegen den Bergrücken abgesichert ist. In diesem Graben (130 x 28 Meter), durch den heute eine Asphaltstraße läuft, ist nur die hohe Felsnadel stehengeblieben, die als Widerlager für eine Zugbrücke diente. Die Kreuzfahrer bauten hier eine byzantinische Burg zu einem Stützpunkt des Fürstentums Antiocheia gegen das Emirat von Aleppo aus. Nach der Schlacht von Hattin gelang Saladin im Jahre 1188 die Einnahme der nur schwach besetzten Burg, die seither auch Kal'at Salah ad-Din («Saladinsburg») genannt wird.

Kal'at al-Markab, eine malerische Burg aus schwarzem Basaltgestein, liegt oberhalb des Hafenortes Banyas auf einem felsigen Gebirgszug. Im Jahre 1186 verkaufte Bertrand de Margat die kostspielige Burg gegen eine Jahresrente von 2000 Goldbyzantinern an den Johanniter-Orden. Dieser verstärkte die Verteidigungsanlagen, so daß Saladin trotz des Sieges von Hattin keine Belagerung wagte. Im 13. Jahrhundert standen die Ritter von Kal'at al-Markab auf dem Höhepunkt ihrer Macht und überstanden 1268 zwei Belagerungen durch Sultan Baibars. Erst als Sultan Kalawun 1285 in einer wochenlangen Belagerung die Burg sturmreif schießen ließ und der unterminierte Südturm einstürzte, kapitulierten sie gegen freien Abzug. Gut erhalten ist die doppelt ummauerte Innenburg mit Zwinger, Donjon, gotischer Burgkapelle, Rittersälen, Magazinen und dem Kapitelsaal, in dem 1204/05 die Johanniter unter dem Vorsitz des Hochmeisters die Neufassung der Ordensregeln diskutierten.

Das großartigste Monument der Kreuzfahrerarchitektur ist der Krak des Chevaliers, die wohl schönste Burg des Orients. Die vom Emir von Homs befestigte kurdische Militärsiedlung Hisn al-Akrad fiel 1109 an die Kreuzfahrer und wurde Vorposten der Grafschaft Tripolis. Im Jahre 1142 kaufte der Johanniter-Orden diese Burg, die aufwendig ausgebaut wurde und 1188 eine Belagerung durch Saladin überstand. Im 13. Jahrhundert der wichtigste Offensivstützpunkt der Johanniter, von dem aus bis zu 2000 Ritter gegen Aleppo und Homs operierten, wurde der Krak des Chevaliers 1267 vergeblich von Sultan Baibars angegriffen. Ein zweites Mal zog Baibars 1271 mit Belagerungsmaschinen und Geschützen vor die Burg, deren Ritter schließlich gegen freien Abzug nach Tripolis kapitulierten.

Auf einer Bergkuppe angelegt und im Süden zusätzlich durch einen Felsgraben vom Höhenzug abgesetzt, besteht der Krak des Chevaliers aus zwei konzentrischen Mauerringen, die ein überdeckter Aufweg miteinander verbindet. Der äußere Mauerring umschließt einen Zwinger mit einem Graben im Süden, der als Wasserreservoir diente. Aus dem Zwinger steigt über gepflasterten Glacis-Böschungen die Oberburg auf, an deren Südseite drei halbrunde Turmbauten aus dem Glacis herauszuwachsen scheinen. Diese umgeben in mehreren Stockwerken überwölbte Säle; im besonders ausgestatteten runden Südwestturm residierte vielleicht der Burgherr. Architektonisch interessant ist der rechteckige Turm an der Nordspitze der Oberburg, der außen eine mehrgeschossige Bogengliederung zeigt. Das Burginnere bedecken in Terrassen aufsteigende Gewölbebauten. Im zentralen Hof liegen der Große Saalbau aus der Mitte des 13. Jahrhunderts und die 1271 in eine Moschee umgewandelte Burgkapelle.

Vor den mächtigen Mauern des Krak des Chevaliers, die Wehrhaftigkeit mit Schönheit vereinen, gewinnt man den Eindruck, daß Fortschritte im Festungsbau und Belagerungstechnik die Bedeutung der Kreuzzüge für Europa ausmachen. Doch sind die militärischen Aspekte nur ein Teil der kulturellen Errungenschaften der Kreuzzüge, bedeutender sind ihre Auswirkungen auf Wirtschaft und Wissenschaft. Unbekannte Nutzpflanzen wie Aprikosen, Melonen und Zitronen, Hirse, Reis und Sesam sowie Zuckerrohr fanden ihren Weg nach Europa, dazu Drogen und Pharmazeutika, Gewürze, Damast- und Brokatstoffe, Färbemittel wie Alaun und Indigo, Aleppiner Glas, damaszenische Klingen und Metallarbeiten, Parfums, Perlen und Porzellane. Zudem vermittelte der Orient dem Abendland neben wissenschaftlichen Schriften arabischer Astronomen und Mediziner auch die durch muslimische Gelehrte übersetzten und so geretteten Werke antiker Naturwissenschaftler und Philosophen.

Mittelalterlicher Donjon in Safita

Uferstraße von Tartus mit den in die Festungsmauer hineingesetzten Häusern

Marienkathedrale von Tartus, eine der schönsten Kreuzfahrerkirchen des Orients

Kal'at al-Markab – Zumindest bei den repräsentativen Saalbauten der Innenburg hat man versucht, die eintönig dunklen Mauern durch einfache Muster etwas aufzuhellen.

Kal'at al-Markab auf einem Felsgrat hoch über dem Hafenstädtchen Banyas

Kal'at Sahyun – Ein hoher Felssporn diente im Burggraben als Widerlager für die mittelalterliche Zugbrücke.

Krak des Chevaliers – die wohl schönste Burg der Kreuzfahrerzeit

Krak des Chevaliers – Wappen und Bauinschrift bezeugen, daß der runde Südwestturm nach der Einnahme der Burg im Jahre 1271 durch Sultan Baibars wieder aufgebaut wurde.

Krak des Chevaliers – die Wehrtürme der Innenburg

DIE ARAMÄISCHE SPRACHINSEL MA'LULA

Im Bergland Mittelsyriens haben sich – begünstigt durch die abgeschiedene Lage der Talschaften und das rauhe Winterwetter – religiöse Minderheiten, besonders Christen und Drusen, mit ihrem Brauchtum und ihrer Sprache inmitten einer muslimisch-arabischen Umwelt behaupten können. Ein eindrucksvolles Beispiel dafür sind in der kargen Landschaft des Kalamungebirges nördlich von Damaskus die drei christlichen Bergdörfer Bakh'a, Djubb'adin und Ma'lula. Auch wenn die Amts- und Schulsprache Arabisch ist, spricht die Bevölkerung bis heute einen Dialekt des Westaramäischen, also die Sprache Christi, in der auch die Bücher Daniel und Ezra in der Bibel verfaßt sind. Diese Sprache wird seit zwei Jahrtausenden im wesentlichen mündlich übertragen, nur ganz wenige Christen von Ma'lula können das Westaramäische auch schreiben.

Das malerisch in einer Felsschlucht gelegene Ma'lula bietet schon auf der Anfahrt ein eindrucksvolles Bild, das von kleinen weißen, ockerfarbigen oder hellblauen Häusern bestimmt wird, die wie Schwalbennester in der Felswand hängen. Ungefähr zwei Drittel der Dorfbewohner sind Christen, die wiederum zwei Glaubensgemeinschaften angehören: Oberhalb des Dorfes liegt auf einem Felsstock das Kloster Mar Sarkis der griechisch-katholischen Mehrheit (griechischer Ritus, aber Anerkennung durch den Papst in Rom), in der Felsschlucht liegt mit dem Kloster der hl. Thekla das liturgische Zentrum der griechisch-orthodoxen Christen. Auffallend ist, daß über die Trennung in zwei Glaubensgemeinschaften hinaus beide Gruppen nicht nur eigene Läden und Werkstätten, sondern auch eigene Brunnen und Quellen haben, die oft in Höhlen mit alten griechischen Inschriften liegen.

Das Kloster Mar Sarkis (Sergioskloster) ist einem christlichen Märtyrer geweiht, der als römischer Offizier dem neuen Glauben nicht abschwören wollte und um 305 vor den Mauern der Festung Rusafa hingerichtet wurde. Die Klosterkirche aus der 1. Hälfte des 4. Jahrhunderts ist eine der ältesten noch genutzten Kirchen Syriens mit einem kreuzförmigen Grundriß und zwei interessanten halbkreisförmigen Altarplatten. Deren Form erinnert noch an heidnische Opfertische, doch fehlt natürlich ein Abflußloch für das Opferblut. Weiterhin sehenswert sind eine bedeutende Handschriftensammlung und wertvolle Ikonen. Darunter befindet sich eine 1813 vom Wandermönch Michael von Kreta nach einer älteren Vorlage gemalte Ikone mit Kreuzigung und Abendmahl, wobei der Abendmahlstisch die frühchristliche Form der Altarplatte wiederaufnimmt.

Nach der Führung durch einen Mönch, der nicht nur Tonbänder mit dem Vaterunser in der Sprache Jesu, sondern auch den ausgezeichneten, selbstgekelterten Rotwein der Mönche für die Besucher bereithält, kann man durch eine enge Felsschlucht zum Kloster der hl. Thekla hinuntersteigen. Die Schutzpatronin des Ortes wurde der Legende nach vom Apostel Paulus in Ikonion (Konya) zum Christentum bekehrt und begleitete diesen einige Zeit auf seinen Missionsreisen. Von heidnischen Verehrern ihrer Schönheit wegen verfolgt, stand sie auf ihrer Flucht mit ihren Begleitern vor der steilen Felswand in Ma'lula. Auf ihr Gebet hin öffnete sich ein Felsspalt und bot der Jungfrau Schutz, so daß dieser Ort seither den Namen Ma'lula («Eingang») trägt. Die Theklagrotte ist der religiöse Mittelpunkt des griechisch-orthodoxen Nonnenklosters, das dem «Patriarchat von Antiocheia und des gesamten Orients» unterstellt ist, und wird als Grab der hl. Thekla angesehen. Quellwasser, das in der Grotte aus dem Felsen tritt, gilt Christen wie Moslems gleichermaßen als heilkräftig, und zahlreiche kleine Inschrifttäfelchen berichten von Wunderheilungen.

Mit großen Wallfahrten feiern syrische und libanesische Christen in Ma'lula die höchsten Festtage ihres Kirchenjahres: am 14. September das Kreuzfest, das an die Entdeckung des Heiligen Kreuzes, die kostbarste Reliquie der Christenheit, durch die Kaiserin Helena in Jerusalem erinnert, am 24. September das Fest der hl. Thekla und am 7. Oktober das Fest des hl. Sergios. Vergessen ist an diesen Tagen das arbeits- und entbehrungsreiche Leben der Bauern und Handwerker von Ma'lula auf den Terrassenfeldern, in den Weinbergen, in den Gemüsegärten und in den Werkstätten. Ihnen allen hat der aus Ma'lula stammende Schriftsteller Rafik Schami mit seinen Erzählungen ein literarisches Denkmal gesetzt.

Blick über Häuser und Kirchen von Ma'lula auf das Sergioskloster

In der Kapelle des Sergiosklosters

Ein Nonnenkloster schützt den Zugang zur Grotte mit dem Grab der hl. Thekla

ALEPPO – HANDELSZENTRUM NORDSYRIENS

Aleppo nimmt im «Fruchtbaren Halbmond» eine bevorzugte Stelle ein und liegt genau dort, wo der Euphrat der Küste des Mittelmeeres am nächsten kommt. In Barbalissos (Meskene) verließen die Karawanen aus Mesopotamien und vom Persischen Golf das Euphrattal und zogen über Aleppo zu den Hafenstädten des Mittelmeeres oder nach Anatolien. Zudem liegt die Stadt mit ihrem steil aufsteigenden Festungshügel inmitten eines großen Ackerbaugebietes, an das die Weidegründe großer Nomadenstämme angrenzen. So war Aleppo zu allen Zeiten nicht nur ein bedeutender Umschlagplatz für den Fernhandel, sondern auch ein ausgezeichneter Markt für die nordsyrischen Bauern und Nomaden.

Im Suk und auf den Märkten sowie im Umland von Aleppo lernt man einen traditionellen Wirtschaftsraum kennen, dessen Motor die drei Gruppen der Nomaden, Bauern und Städter sind, die der arabische Gelehrte Ibn Khaldun (1332–1406) in den Mittelpunkt seiner sozio-ökonomischen Anthropologie gestellt hat. Die Lebensfähigkeit der Stadt als Sitz der Verwaltung, des Dienstleistungsgewerbes, der Handelshäuser und der nicht-agrarischen Produktion basiert auf einem agrarischen Hinterland. Dort produzieren Bauern und Nomaden pflanzliche und tierische Produkte (Getreide, Gemüse, Obst, Fleisch, Felle und Wolle), die sie auf den städtischen Märkten verkaufen und auch untereinander verhandeln. Bauern und Nomaden wiederum kaufen in der Stadt Fertigprodukte und nehmen die städtischen Dienstleistungen in Anspruch.

Dieses Wirtschaftssystem ist ein kompliziertes Gefüge, das auf Veränderungen empfindlich reagiert. Diese resultierten meist aus dem Kampf der Bauern und Nomaden um den begrenzten Lebensraum, denn jede Ausdehnung des Kulturlandgürtels bedeutet zugleich eine Verengung des Steppengürtels, des Lebensraumes der Nomaden. Ein ausgewogenes Verhältnis war nur gewährleistet, wenn der Staat die Bauern vor den Nomaden schützen konnte, andernfalls drangen diese in das Kulturland ein. Mit der Vertreibung der Bauern verfielen Höfe und Felder in kürzester Zeit, bis die Nomaden mit ihren Herden vor den Mauern von Aleppo lagerten, wie dies nach der byzantinischen Rückeroberung von 962 und nach dem Mongolensturm von 1260 für Jahrhunderte der Fall war.

Aleppo nimmt für sich in Anspruch, nach Damaskus eine der ältesten Städte der Welt zu sein, und war 1780 v. Chr. die Hauptstadt des Königreichs Jamchad. Gut 100 Jahre später liegt Jamchad wie die benachbarten Stadtstaaten im Krieg mit den hethitischen Großkönigen, die die Vorherrschaft über Nordsyrien beanspruchen. Im Jahre 1370 setzte der hethitische Großkönig Suppiluliuma I. auf seinem Feldzug gegen die Mitanni einen seiner Söhne als Vizekönig in Jamchad ein, doch schuf der Einfall der «Seevölker» um 1200 v. Chr. eine neue Situation. Das Großreich der Hethiter zerfiel, aber die späthethitischen Fürstentümer Nordsyriens überlebten – unter ihnen auch Halab, das alte Jamchad.

Die folgenden Jahrhunderte sind vom Konflikt mit den Assyrern und Babyloniern geprägt, bis Halab 539 v. Chr. an die Achämeniden fällt. Unter den persischen Großkönigen ist Halab eine Kleinstadt, die als Marktflecken für die Nomaden im wesentlichen von dem bekannten Heiligtum für den Wettergott am Leben erhalten wird. Mit der Eroberung Syriens durch Alexander den Großen (333 v. Chr.) und dem folgenden Ausbau Nordsyriens zur militärischen Basis des Seleukidenreiches setzt eine neue Blüte ein. Unter dem Namen Beroia am Belos wurde die Stadt von Seleukos I. (321–281 v. Chr.) am Fuße des Festungshügels neubegründet.

Bis heute sind die Grundstrukturen der hellenistischen Stadt mit ihrem rechtwinkligen Straßennetz von der Zitadelle oder bei einem Bummel durch den Suk gut zu erkennen. Die Hauptachse lief in west-östlicher Richtung vom Antiocheia-Tor (Bab Antakya) auf die Zitadelle zu, Parallel- und Querstraßen teilten das Stadtgebiet in Häuserblöcke (*insulae*) von 48 x 124 Meter ein. Nördlich der Hauptstraße lag die vier *insulae* große Agora, die von der Omaijadenmoschee und der Hallawiye-Medrese überbaut ist. Die breite hellenistisch-römische Kolonnadenstraße ist heute die Hauptachse des städtischen Basars (Suk al-Madina).

Die Jahrhunderte unter den Römern gewährten Aleppo eine lange Friedenszeit. In diesem Zentrum der altorientalischen Kulte entwickelte sich nicht nur eine große jüdische, sondern auch eine starke christliche Gemeinde. Zudem zog die reiche Handelsstadt arabische Einwanderer an, wie den Stamm der Tanukh, der sich in der Vorstadt ansiedelte und zum Christentum übertrat. Der Wohlstand von Aleppo blieb gewahrt, bis im Jahre 540 die Sasaniden unter Khosrau I. die Stadt einnahmen und verwüsteten. Der Wiederaufbau unter Kaiser Iustinian (527–565), 614 die erneute Eroberung durch Khosrau II. und 627 die Rückeroberung durch Kaiser Herakleios, der den Sasaniden das aus Jerusalem entführte Heilige Kreuz entreißen konnte, erschöpfte die Kräfte der Stadt. Als nach der Schlacht am Yarmuk (636) das arabische Heer unter Khalid ibn al-Walid vor ihren Mauern aufzog, ergab sie sich kampflos.

Unter den Omaijaden behielten die Christen ihre Häuser und ihre Kirchen, das Stadtbild änderte sich aber in den großen Freiräumen. Die Kolonnadenstraße verwandelte sich in einen Suk, auf der Agora entstand die berühmte Omaijadenmoschee. Aleppo blieb das Zentrum des Fernhandels in Nordsyrien, spielte eine eigenständige Rolle aber erst wieder im 10. Jahrhundert unter den Hamdaniden, die im Auftrag der abbasidischen Kalifen den Nordirak und Nordsyrien verwalteten. Ihr berühmtester Vertreter war Abu al-Ali Hasan (944–967), dessen militärische Erfolge über die Byzantiner ihm den Ehrentitel Saif ad-Daula («Das Schwert des Staates») eintrugen. Nicht minder berühmt war sein legendärer Palast, ein Paradies für Dichter, Philosophen und Naturwissenschaftler, der im Jahre 962 durch die Byzantiner vollständig zerstört wurde.

Von diesem Schlag erholte sich Aleppo erst in der Kreuzzugszeit unter Imad ad-Din Zangi und seinem Sohn Nur ad-Din, die 1144 die Grafschaft Edessa zurückeroberten und die syrischen Emirate im Kampf gegen die Kreuzfahrer vereinigten. Im Herzen Aleppos entstanden neue Bauten wie die Hallawiye-Medrese, eine ehemalige Kirche, die 1245 als Reaktion auf eine Belagerung durch die Kreuzfahrer von Nur ad-Din in eine Medrese umgewandelt wurde. Diese Bautätigkeit führten Saladin (1171–1193) und seinen Sohn az-Zahir fort, der 1186–1216 über Aleppo herrschte. Erneuert wurden die Stadtmauern und der Palast auf der Festung; weitere herausragende Bauten sind die Medrese az-Zahiriye, die Medrese al-Firdaus und die Medrese as-Sultaniye mit den Gräbern von az-Zahir und seiner Familie.

Im Frühjahr 1260 machten die Mongolen unter Hulagu die Stadt dem Erdboden gleich, konnten aber durch den Mamlukensultan Baibars in der Schlacht von 'Ain Djalut wieder aus Syrien verdrängt werden. Die mamlukische Herrschaft (1260–1516) ist im Stadtbild durch bedeutende Bauten präsent, obgleich Aleppo im Jahre 1401 erneut von den Horden Tamerlans verwüstet wurde: Moschee as-Sahibiye (1349), Bimaristan al-Arghuni (1354), Moschee al-Utrush (1403) und Moschee as-Saffahiye (1425). Finanzielle Basis für diese Bauten waren die Handelsverträge mit europäischen Mächten, die Aleppo im Stoff- und Seidenhandel eine führende Position einräumten.

Dieser wirtschaftliche Aufschwung setzte sich unter osmanischer Herrschaft (1516–1918) ungebrochen fort. In Aleppo bündelten sich die Handelswege des Osmanischen Reichs; die Stadt erschloß sich neue Märkte in Europa, wurde in kurzer Zeit zur führenden Handelsmetropole des gesamten Orients und konnte erstmals ihre Rivalin Damaskus überflügeln. Dieser Entwicklung entsprach die Bautätigkeit der Osmanen: Außer von der Khosrawiye-Moschee (1537), der Adiliye-Moschee (1557) und der Moschee al-Bahramiye (1580) wurde das Stadtbild durch die Handelshäuser geprägt, die vom 16. bis zum 18. Jahrhundert zu beiden Seiten des Suk al-Madina angelegt wurden.

Im Mittelpunkt einer Stadtbesichtigung stehen neben dem reichen Nationalmuseum die Zitadelle, die Omaijadenmoschee und der Suk al-Madina, der Aleppo eine besonders orientalische Atmosphäre verleiht. Die Zitadelle macht mit ihrem ausgeklügelten System von Mauern, mächtigen Türmen und unterirdischen Galerien bis heute einen wehrhaften Eindruck. Im Inneren entfaltet sich aber auch die Pracht vergangener Jahrhunderte; vor allem beeindruckt der aijubidische Palast (1230), dessen repräsentativer Thronsaal nach der Zerstörung durch Tamerlan von den Mamluken mit kostbarem Mobiliar und großartigen Holzdecken reich ausgestattet wurde.

Beeindruckend ist auch die Omaijadenmoschee, zu der das quadratische, durch vier Kranzgesimse und umlaufende Schriftbänder gegliederte Minarett den Weg weist. Durch ein reichverziertes Tor und über den hallengesäumten Hof betritt man die Gebetshalle, die nur noch im Architekturplan auf die Omaijaden zurückgeht. Im Jahre 1169 wurde diese Moschee durch eine Brandkatastrophe vollständig zerstört und durch Nur ad-Din wiederaufgebaut. So mag man vielleicht den Prunk und die überreiche Ausstattung der Omaijadenmoschee in Damaskus vermissen, ohne Frage aber hinterläßt die schlichte Gebetshalle mit ihren auf massiven Viereckpfeilern ruhenden Wölbungen einen tiefen Eindruck.

In unmittelbarer Nähe der Omaijadenmoschee liegt der große gedeckte Basar, dessen Hauptachse der Suk al-Madina ist. Nach orientalischer Tradition ist der Suk in zahlreiche Branchen gegliedert, deren Geschäfte und Werkstätten jeweils in geschlossenen Vierteln beieinanderliegen. So ist das Auge des europäischen Besuchers schon durch die Fülle der Gold- und Kupferschmiede, der Gewürzhändler, der Stoff- und Wollhändler, der Tischlereien und zahlreicher anderer Gewerbe beeindruckt. Dazwischen liegen die Komplexe der großen Handelshäuser, in denen ebenfalls vom Sonnenaufgang bis zum Sonnenuntergang ein geschäftiges Treiben herrscht.

Nach dem Bummel durch den Suk empfiehlt sich ein Blick in das malerische Viertel al-Djdeide, in dem Kirchen und herrliche Bürgerhäuser stehen, die sich arabische, armenische und europäische Christen erbaut haben. Hier wie im Basarviertel trifft man auf eine einzigartige orientalische Stadtkultur, auf ein lebhaftes Miteinander verschiedener Kulturen, Religionen und Völker, die in beachtlicher Liberalität und Toleranz die syrische Gesellschaft aufgebaut haben.

Am Ende unseres Rundgangs steht das armenische Hotel «Baron», das um die Jahrhundertwende zu den berühmtesten Hotels der Welt zählte, was man heute nur noch ahnen kann. Beim Blick in die Gästeliste wird die jüngere Vergangenheit wieder lebendig. Im Ersten Weltkrieg hatten Kemal Atatürk und General Liman von Sanders hier ihr Hauptquartier, wenig später folgte Lawrence von Arabien. Zwischen den Weltkriegen kehrten Monarchen und Politiker wie der schwedische König Gustav Adolf und der amerikanische Präsident Theodore Roosevelt ein, trafen auf den Flieger Charles Lindbergh und auf den Archäologen Sir Mallowan, dessen Frau Agatha Christie im «Baron» ihren Roman «Mord im Orientexpress» verfaßte.

Auf der Zitadelle von Aleppo

Die Zitadelle von Aleppo mit der besonders wehrhaften Toranlage

Der Thronsaal der Zitadelle von Aleppo wurde nach der Zerstörung durch Tamerlan von den Mamluken gegen Ende des 15. Jahrhunderts restauriert.

Der Seiteneingang zur Omaijadenmoschee

Gebetsnische in der Hallawiye-Medrese

Im Hof der Hallawiye-Medrese

Architekturdekor eines Bürgerhauses im Viertel al-Djdeide

Armenisch-orthodoxe «Kathedrale der Vierzig Märtyrer» im Viertel al-Djdeide

Osmanische Häuser mit malerischen Holzerkern gegenüber der Omaijadenmoschee

HAMA – STADT DER WASSERRÄDER

Gegenüber Aleppo und Damaskus mag Hama vielleicht als rückständig bezeichnet werden, hat sich aber in den Orontesvierteln den malerischen Charakter einer islamischen Stadt am besten bewahrt. Über Jahrhunderte war Hama als Verwaltungszentrum ein beliebter Sitz höherer Beamter, feudaler Großgrundbesitzer und vornehmer Kaufmannsfamilien. Diese residierten in den schönen Palästen aus dem 17. und 18. Jahrhundert, die meist am Fluß liegen und von herrlich grünen Gärten umgeben sind.

Die wechselvolle Geschichte von Hama reicht bis in das 4. Jahrtausend v. Chr. zurück; zu Beginn des 1. Jahrtausends v. Chr. war Hama Zentrum eines bedeutenden aramäischen Stadtstaates. Dieser begegnet uns im Alten Testament, als der «Fürst von Hamath» in der Zeit des Königs Salomon die Oberherrschaft von Israel anerkennen muß. In hellenistischer Zeit wurde die Stadt von Antiochos IV. Epiphanes (175–163 v. Chr.) als Epiphaneia neubegründet, doch bewahrten die semitischen Bewohner den alten Stadtnamen, so daß dieser nach der arabischen Eroberung im Jahre 636 den hellenistischen Namen wieder verdrängte. Die Kreuzfahrer versuchten vergeblich, Hama für sich zu gewinnen. Nachdem die Stadt 1127 von einem gewaltigen Erdbeben verwüstet worden war, fiel sie 1178 an Saladin, der sie einem seiner Neffen übergab, dessen Nachkommen die Stadt bis in die mamlukische Zeit regierten. Letzter Herrscher dieser Linie war Sultan Abu'l Fida, der als Schriftsteller höchstes Ansehen in der arabischen Welt genoß. Zwar sind viele seiner Schriften verloren, doch kennen wir seinen «Abriß der Geschichte der Menschheit» und seine «Geographie der Länder», die zu den Standardwerken des Mittelalters gehörten.

Heute ist Hama ein Zentrum der landwirtschaftlichen Produktion mit reichen Obst- und Gemüsegärten im Orontestal und zugleich ein bedeutender Marktplatz für die umwohnenden Nomaden. Wahrzeichen der Stadt sind die monumentalen Wasserschöpfräder (Norias), die das Oronteswasser über Aquädukte auf die höher gelegenen Felder und in die Gärten leiten. Von der «Großen Noria» im Westen bis zu den «Vier Norias» im Osten verfügt Hama heute noch über 16 dieser Wasserräder, die alle eigene Namen tragen. Das größte ist die «al-Mohammediya Noria», die im Jahre 1361 erbaut wurde und einen Durchmesser von 21 Metern hat.

Das Rauschen des Wassers und besonders der knarrende «Gesang» der Wasserräder begleiten den Besucher auf seinem Weg am Flußufer entlang, der ihn von der Nuri-Moschee zum al-'Azem-Palast führt. Besonders gut erhalten sind die großen Wasserräder an der Nuri-Moschee, die 1163/64 von Nur ad-Din mit einem schönen quadratischen Minarett errichtet wurde. Von der Nuri-Moschee führt ein kreuzgratgewölbter Gang in eine enge Gasse am Flußufer, die vom lauten Getöse weiterer Norias erfüllt ist und an vornehmen Wohnhäusern vorbei zum al-'Azem-Palast führt.

Dieser Palast wurde 1740 von As'ad Pasha al-'Azem erbaut, dem wir einen weiteren Palast in Damaskus verdanken. Als Sohn einer vornehmen Beamtenfamilie aus dem nahen Ma'arat an-Numan diente As'ad Pasha al-'Azem als osmanischer Statthalter zunächst in Hama, dann in Damaskus, Aleppo und in Ägypten, bevor er 1757 in Ankara ermordet wurde. Die zweigeschossige Palastanlage, in die auch die Stallungen integriert sind, verfügte zunächst nur über einen privaten Wohnbereich (Haremlik), wurde aber 1780 vom Neffen des Erbauers, Nasuh Pasha, um einen Gäste- und Männertrakt (Selamlik) sowie um ein osmanisches Bad (Hamam) erweitert. Beeindruckend sind der schöne grüne Innenhof mit seinem achteckigen Wasserbassin, die polychrome Dekoration der Ornamentflächen um Fenster und Portale, die Kuppelkonstruktionen und die farbigen Holzdecken.

Heute beherbergen Teile des Palastes ein archäologisches Museum mit herrlichen Gläsern und Mosaiken aus byzantinischer Zeit, darunter ein inschriftlich in das Jahr 469 datiertes Mosaik aus Apameia am Orontes mit einer naturgetreu abgebildeten Noria. Ein besonderes Schmuckstück ist ein großes Fußbodenmosaik vom Ende des 3. Jahrhunderts aus dem nahen Dorf Mariamin. Dieses zeigt eine Musikgesellschaft von Tänzerinnen mit Kastagnetten und Musikanten mit verschiedenen Instrumenten, wodurch unsere bisherige Vorstellung von antiken Musikinstrumenten wesentlich erweitert wird.

Ein beliebtes Ausflugsziel sind die «Vier Norias» am Ostrand von Hama

Wasserrad zwischen der Nuri-Moschee und dem al-'Azem-Palast

Die repräsentative Fassade des Wohntraktes im al-'Azem-Pa'ast

DAMASKUS – HAUPTSTADT DER OMAIJADEN

Jeder Damaszener ist stolz auf die große Vergangenheit seiner Heimatstadt, die zu den ältesten kontinuierlich bewohnten Städten der Welt gehört. Davon geben bereits das Buch Genesis und die Siegesberichte des Pharao Thutmosis III. (1490–1436 v. Chr.) Zeugnis. Damaskus ist aufgrund seiner zentralen Lage im syrisch-arabischen Raum gegenüber Aleppo immer bevorzugt gewesen, und so war es nur folgerichtig, daß die Omaijaden Damaskus zur Hauptstadt ihres Weltreichs erwählten. Zudem liegt Damaskus inmitten einer einzigartig fruchtbaren und wasserreichen Oase und ist umgeben von blühenden Gärten, die sich auch in der modernen Großstadt erhalten haben.

Im Sommer 1184 hat der andalusische Mekkapilger Ibn Djubair in seinem Tagebuch Damaskus als «Paradies auf Erden» bezeichnet und dieses mit dem himmlischen Paradies verglichen. Damit griff er christliche Traditionen auf, die Ereignisse der Bibel auf den Hängen des Djebel Kasyun oberhalb des Vorortes Salihiye ansiedeln: Hier wurde schon früh die Geburtsstätte von Abraham lokalisiert, hier soll Kain seinen Bruder Abel erschlagen haben und hier wurde im Vorort al-Kadam ein Mosesgrab verehrt, an dem der Prophet Mohammed Fußspuren hinterlassen haben soll. Nehmen wir die Christen und Muslimen gemeinsame Verehrung des Hauptes von Johannes dem Täufer in der Omaijadenmoschee hinzu, so rücken diese heiligen Stätten Damaskus für Christen und Muslime in die Nähe der Heiligen Stadt Jerusalem.

Die Geschichte von Damaskus läßt sich am besten in drei Epochen gliedern – die aramäische, die hellenistisch-römische und die islamische. Die Zeit, in der Damaskus ein bedeutender aramäischer Fürstensitz war, ist aus dem modernen Stadtbild verschwunden und nur noch im Nationalmuseum greifbar. Wir hören aber von den Kämpfen der Ägypter und Hethiter um diese Stadt, wir erfahren, daß Damaskus im 9. Jahrhundert v. Chr. die Koalition der aramäischen Staaten gegen die Assyrer anführte und daß die Assyrer, die erfolglos vor den starken

Mauern der Stadt lagen, in einem frühen «Umweltkrieg» die Plantagen in der Oase vernichteten. Im Jahre 732 v. Chr. wurde Damaskus aber doch von Tiglatpilesar III. erobert, der einen Teil der Bevölkerung nach Armenien deportierte.

Damaskus verlor schlagartig seine dominierende Rolle in Syrien, doch blühte der Handel bald wieder auf. Unter den Persern wurde die Festung wieder instandgesetzt, so daß Großkönig Dareios III. seine Familie und seinen Kronschatz dort in Sicherheit brachte, bevor er Alexander dem Großen in der Schlacht von Issos (333) entgegentrat. Nach dem Sieg gründete der makedonische Eroberer in Damaskus nordöstlich der aramäischen Stadt ein neues Stadtviertel mit einer makedonischen Veteranenkolonie. Damit begann für Damaskus eine fast tausendjährige, weitgehend westlich geprägte Herrschaft von Seleukiden, Römern und Byzantinern.

Im 2. Jahrhundert v. Chr. litt Damaskus unter den Thronstreitigkeiten der späten Seleukiden. Im Jahre 85 v. Chr. wandten sich die Damaszener hilfesuchend an den nabatäischen König Aretas III., der militärische Hilfe leistete und in der Stadt eine Handelskolonie gründete. Als 64 v. Chr. Pompeius die Provinz Syria einrichtete, blieb die nabatäische Siedlung bestehen, die im Nordosten der Altstadt beim Thomas-Tor (Bab Tuma) zu suchen ist. Daneben gab es eine große jüdische Gemeinde im Südteil der Altstadt, in der Paulus zu Gast war, bevor er nach seiner Taufe durch Ananias über das «Paulus-Tor» (Bab Kaisan) fliehen mußte.

Mit der Eingliederung in das Römische Reich erhielt das orientalische Damaskus einen klassischen Stadtplan, der trotz mittelalterlicher und neuzeitlicher Überbauung als schachbrettartiges Straßenmuster zu erkennen ist. Gleichzeitig wurden Festung, Stadtmauern und Tore verstärkt, die in ihrem heutigen Baubestand überwiegend aus dem Mittelalter stammen, auch wenn viele antike Werkstücke verwendet wurden. Unverändert erhalten hat sich die antike Hauptdurchgangsstraße, an der das Haus des Ananias lag und deren Name in der Apostelgeschichte als *via recta* («Gerade Straße») überliefert ist. Heute führt sie vom Westtor (Bab al-Djabiya) durch den Suk Midhat Pasha, vorbei am antiken Bogentor und durch den Suk Tawila zum Osttor (Bab Sharki), dessen antike Bausubstanz weitgehend erhalten ist.

Der Tempel des Wettergottes Hadad im Stadtzentrum wurde dem Iupiter Damascenus geweiht und erweitert. In der langen Baugeschichte gehen große Bauabschnitte auf Kaiser Septimius Severus (193–211) zurück, der sich durch seine syrische Gemahlin Iulia Domna der Stadt Damaskus verbunden fühlte. Allerdings konnte dieser großartige Tempel- und Marktbezirk erst durch den palmyrenischen Fürsten Odainath fertiggestellt werden. Im Jahre 295 hielt sich Kaiser Diokletian für einige Wochen in Damaskus auf und richtete große Waffenfabriken zur Ausrüstung der Legionen an Euphrat und Tigris ein. Auf diese diokletianische Waffenschmiede läßt sich die traditionelle Herstellung der berühmten Damaszener Klingen zurückführen.

In einem 150 x 100 Meter großen Tempelhof, der bis heute die Umfassungsmauer der Omaijadenmoschee bildet, erhob sich der Tempel des Iupiter Damascenus. Den antiken Tempelbezirk umschloß wiederum eine monumentale Platzanlage von 365 x 305 Meter mit umlaufenden Säulenhallen, in denen sich Laden an Laden reihte. Gut erhalten ist das unter Septimius Severus errichtete Westpropylon der Platzanlage, das heute den östlichen Eingang zum Suk al-Hamidiye bildet. Doch auch beim Bummel durch die angrenzenden Altstadtgassen stößt man immer wieder auf Mauerzüge, die auf die antiken Säulenhallen zurückgehen.

Mit der Einführung des Christentums als Staatsreligion durch das Theodosianische Edikt von 391 wurde Damaskus, das bereits im 1. Jahrhundert n. Chr. eine große christliche Gemeinde hatte, zum Sitz eines Bischofs, der in seinem Rang unmittelbar auf den Patriarchen in Antiocheia am Orontes folgte. Wenig später ließ Kaiser Theodosius den Tempel des Iupiter Damascenus in eine Kirche umwandeln und Johannes dem Täufer weihen. Sein Haupt, das heute in einem prunkvollen Reliquienschrein aufbewahrt wird, wird von Christen wie Moslems gleichermaßen verehrt. Weitere Kirchen änderten nur wenig am antiken Stadtbild von Damaskus. Gleiches gilt für die arabischen Eroberer, die im Jahre 635 von den monophysitischen Christen als Befreier begrüßt wurden. Die ungehinderte Benutzung ihrer Kirchen wurde den Christen vertraglich zugesichert, der Tempelbezirk aber von beiden Religionen gemeinsam genutzt, da im Westen die Basilika, im Osten die neue Moschee stand.

Der erste Omaijadenkalif Muawiya (661–680) verlegte seine Residenz nach Damaskus, indem er in der Nähe des alten Tempels einen Palast errichten ließ, der zum Verwaltungsmittelpunkt seines Reiches wurde. Erst mit dem deutlichen Anwachsen der muslimischen Bevölkerung beanspruchte der baufreudige Kalif al-Walid I. (705–715) den gesamten Tempelbezirk für den Islam und wandelte ihn unter Einbeziehung der antiken Außenmauern in eine Moschee um. Diese sollte an Größe und Pracht alle anderen übertreffen und den Anspruch des Islam als Weltreligion verdeutlichen. Zugleich diente sie mit ihren monumentalen Proportionen und ihren prachtvollen Dekorationen aus Marmorinkrustationen und Goldmosaiken der staatlichen Repräsentation der Omaijadendynastie, wobei die einzigartigen Mosaiken – an spätantike Vorbilder anknüpfend – islamische Paradiesvorstellungen zum Thema haben.

Mit der Omaijadendynastie endete für gut 400 Jahre der Glanz von Damaskus, wechselnde Herrscher und innenpolitische Machtkämpfe bestimmten diese Jahrhunderte. Die religiösen und ethnischen Gruppen siedelten in getrennten Vierteln: die Muslime im Westen, die Christen im Nordosten, die Juden im Südosten. Jedes Viertel entwickelte ein eigenständiges Leben, die rechtwinklig angelegten Straßenviertel wichen den durch Sackgassen zugänglichen Wohnquartieren, deren Tore zu den Hauptstraßen nachts verschlossen wurden.

In der Kreuzfahrerzeit führten Herrscher wie Nur ad-Din (1146 bis 1174), Saladin (1171–1193) und Baibars (1260–1277) Damaskus als Militärbasis im Krieg gegen die Kreuzfahrer zu alter Größe zurück. Eine neue Architektur mit persisch-irakischen Einflüssen hielt Einzug, was sich an Moscheen und Medresen sowie an den Grabbauten von Nur ad-Din, Saladin und Baibars in der Stadt ablesen läßt. Nach dem Mongolensturm von 1260 und trotz der katastrophalen Plünderung im Jahre 1401 durch Tamerlan erlebte Damaskus unter den Mamluken eine außerordentliche Blütezeit und wurde mit Kairo verglichen.

Die großartige Architektur der Mamluken, die durch eine reiche Flächendekoration und die Vielfarbigkeit des Gesteins besticht, setzte sich unter den Osmanen fort. Das beginnt mit den osmanischen Handelshäusern und findet einen Höhepunkt in der Tekkiye, einer Moschee, die 1553 unter Süleyman dem Prächtigen vom berühmten

Architekten Sinan erbaut worden war. Mitte des 18. Jahrhunderts entstand der prachtvolle Palast des Gouverneurs As'ad Pasha al-'Azem, der mit einem ungeheuren Aufwand errichtet wurde. Es wird berichtet, daß man in Damaskus kaum noch einen freien Handwerker finden konnte und antike Werkstücke nicht nur aus Damaskus, sondern auch aus dem fernen Bostra herangeschafft wurden.

So bietet ein Bummel durch Damaskus eine Fülle bleibender Eindrücke. Das gilt für die großen Bauten wie die Omaijadenmoschee, die Tekkiye und den al-'Azem-Palast ebenso wie für die vielen Moscheen, Kirchen, Medresen, Grabbauten, Bäder, Stadttore und für das Nationalmuseum. Daneben liegt ein besonderer Reiz von Damaskus in seinen Suks. Der lebhafteste ist vielleicht der gedeckte Suk al-Hamidiye, der direkt auf die Omaijadenmoschee zuführt. Hier finden wir die ganze Vielfalt des orientalischen Basars: Buchhändler, Drechsler, Gold- und Kupferschmiede, Glasbläser, Färber und Gerber, Sattler, Schneider, Schuhmacher und Weber, Dutzende von Läden mit Gewürzen, Parfümen und Lederwaren, die großen Handelshäuser für Öl, Seide und Tabak, die Hersteller von Holzintarsien im Christenviertel sowie die Kupfer- und Messingziselierer im Judenviertel.

Nach dem lebhaften Basar ist ein geruhsamer Bummel durch die Wohnviertel von Damaskus ein schöner Ausgleich, führt er doch durch schmale, verwinkelte Gassen und alte Häuser mit vorkragenden Erkern. Oft verbergen sich hinter unscheinbaren Fassaden prachtvolle Wohnpaläste. Aber auch einfache Bürgerhäuser verfügen über eine schöne Inneneinrichtung, insbesondere über einen schönen Innenhof, in den man manchmal einen Blick werfen kann. So begeistert man sich mehr und mehr für die orientalische Wohnkultur, manchmal allerdings etwas in Sorge, aus dem Gewirr der Gassen nicht wieder herauszufinden. Doch enden alle Wege an der Omaijadenmoschee, wo am Naufara-Brunnen das beliebteste Kaffeehaus der Stadt bei einem Mokka, einem Glas Tee oder einer Wasserpfeife zum Verweilen einlädt. Wenn die Abendstimmung sich über die Stadt legt, die für Ibn Djubair das «Paradies auf Erden» war, kommen die Erinnerungen eines einzigartigen Tages zurück, und man würde gern erfahren, ob der Geschichtenerzähler am Nachbartisch seinen gespannten Zuhörern nicht auch gerade von der abenteuerlichen Reise dieses Mekkapilgers berichtet.

Herrliche Goldmosaiken schmücken die Eingangsfassade der Omaijadenmoschee

In der Altstadt von Damaskus erhebt sich über den Basarvierteln die Omaijadenmoschee

Reinigungsbrunnen im Hof der Omaijadenmoschee

Antikes Erbe und islamische Tradition verbinden sich in den Mosaiken der westlichen Eingangshalle zur Omaijadenmoschee.

In der Omaijadenmoschee steht der Schrein mit dem Haupt Johannes des Täufers

Eingang zum Suk al-Hamidiye durch das römische Westpropylon des äußeren Tempelbezirks

Im Menschengewirr des Suk al-Hamidiye

Innenhof eines Handelshauses im Suk

Blick über den Innenhof des al-'Azem-Palastes, in dessen Räumen sich heute ein Museum für Folklore und Handwerkskunst befindet

Arkadenbogen des Innenhofes im al-'Azem-Palast

Kämpferkapitell im Arkadenhof des Wohnpalastes Maktab 'Anbar

Gasse in der Altstadt von Damaskus

Nur vereinzelt gibt es in Damaskus Wohnhäuser mit einem runden Erker

SYRISCHE GESCHICHTE IN ZAHLEN

um 9000	Erste neolithische Siedlungen, Beginn des Ackerbaus
um 3500	Erste Stadtkulturen am Euphrat (Habuba-Kabira)
um 3000	Beginn der Frühdynastischen Zeit, Blütezeit von Mari
um 2650	Ebla erobert Nordostsyrien und Mari, Palastarchiv in Ebla mit reicher Handelskorrespondenz
um 2500	Beginn der akkadischen Einfälle in Syrien
um 2250	Akkader erobern und zerstören Mari und Ebla
um 2000	Beginn der assyrischen Eroberungszüge
1759	Hammurabi von Babylon erobert Mari
um 1750	Hethitische Einwanderung in Nordsyrien
um 1500	Pharao Thutmosis I. erobert Syrien bis zum Euphrat
1285	Schlacht von Kadesch zwischen Ägyptern und Hethitern
um 1200	Einfälle der «Seevölker» in Syrien und Ägypten
um 1000	Einwanderung der Aramäer, Gründung von Stadtstaaten
601	Eroberung Syriens durch das Babylonische Reich
539–333	Syrien wird Satrapie des Achämenidenreiches
333	Alexander der Große erobert Syrien, das nach seinem frühen Tod zum Zentrum des Seleukidenreiches wird
64	Pompeius beendet die Herrschaft der Seleukiden und richtet die römische Provinz Syria ein
53	Niederlage des Crassus bei Karrhai gegen die Parther, zwei römische Legionen werden vernichtet
27 v.–14 n. Chr.	Kaiser Augustus stationiert vier römische Legionen in Syrien und zwingt die Parther zur Rückgabe der bei Karrhai erbeuteten Feldzeichen

14–37	Kaiser Tiberius dehnt den römischen Einfluß auf Emesa und Palmyra aus
98–117	Kaiser Traian festigt die Ostgrenze des Römischen Reiches am Euphrat, Beginn der Blütezeit von Palmyra
194	Septimius Severus heiratet Iulia Domna aus Emesa
218–235	Syrische Kaiser Elagabal und Severus Alexander in Rom
228	Nach dem Niedergang des Partherreiches erwächst Rom in den Sasaniden ein neuer Gegner
244–249	Kaiser Philippus Arabs aus Shahba (Philippopolis)
260	Kaiser Valerian wird von Shapur I. gefangengenommen, die Sicherung der römischen Ostgrenze liegt in den Händen des palmyrenischen Fürsten Odainath
269–272	Palmyra erhebt sich unter Königin Zenobia gegen Rom, Kaiser Aurelian erobert Palmyra
284–305	Ausbau der Reichsgrenze in Syrien unter Kaiser Diokletian
391	Christentum wird Staatsreligion im Römischen Reich
395	Reichsteilung durch Theodosius I.
527–565	Letzter Ausbau der Ostgrenze unter Kaiser Iustinian
609/10	Sasaniden erobern Syrien
628/29	Kurzfristige Rückeroberung durch die Byzantiner
636	Schlacht am Yarmuk, arabische Truppen übernehmen die Macht in Syrien
661–750	Dynastie der Omaijadenkalifen in Damaskus
750–1258	Dynastie der Abbasidenkalifen in Bagdad
944–991	Dynastie der Hamdaniden in Aleppo unter dem Schutz des Gegenkalifats der Fatimiden in Kairo
1096–1099	Der 1. Kreuzzug führt zur Eroberung des Heiligen Landes und zur Errichtung des Königreichs Jerusalem
1127–1174	Die Zangiden von Aleppo vereinigen die islamischen Emirate im Kampf gegen die Kreuzfahrer

1174–1193	Der Aijubide Saladin herrscht über Ägypten und Syrien
1187	Saladin besiegt in der Schlacht von Hattin die Kreuzfahrer und erobert Jerusalem zurück
1260	Mongolen zerstören Aleppo und Damaskus
1260–1516	Herrschaft der Mamluken, weitere Mongoleneinfälle
1271	Sultan Baibars erobert den Krak des Chevaliers
1302	Die letzten Kreuzfahrer verlassen Syrien
1516–1918	Herrschaft der Osmanen über Syrien
1916/1918	Arabischer Aufstand unter Feisal von Mekka und Lawrence von Arabien
1920–1941	Französisches Mandat über Syrien
1946	Unabhängigkeit Syriens

TÜRKEI
Adana
Gaziantep
Urfa
Kyrrhos
'Ain Dara
Kal'at Sim'an
Antakya/
Antiocheia
Aleppo/
Beroia
Kalb
Loze
Kinnasrin/
Chalkis
Ebla
al-Barah
Apameia
Asi (Orontes)
Kal'at Sahyun
Ugarit
Latakya
Banyas
Kal'at al-Markab
Krak des
Chevaliers
Tartus
Kasr Ibn Wardan
Hama
Homs
Rakka
Euphrat
Soura
Rusafa
Zenobia
al-Hasaka
Khabur
Deir ez-Zor
Kasr al-Hair ash-Sharki
Dura Europos
Mari
Tadmor/
Palmyra
Kasr al-Hair al-Gharbi
Tripolis
LIBANON
BEIRUT
Litani
Ma'lula
DAMASKUS
Syrische
Wüste
IRAK
ISRAEL
Haifa
Shahba
Suweida
Kanawat
Bosra
Irbid
Jordan
JORDANIEN
AMMAN
0 50 100 150 km
96

GLOSSAR

Agora	Marktplatz, Mittelpunkt des öffentlichen Lebens
Akanthus	Distelartige Pflanze im Mittelmeerraum, Blattmotiv auf korinthischen Kapitellen
Arkade	Von Pfeilern oder Säulen getragener Bogen, Bogenreihe
Apsis	Halbkreisförmiger Altarraum christlicher Kirchen
Architrav	Waagrechter Steinbalken über Säulen oder Pfeilern
Baptisterium	Taufkapelle, Taufkirche
Basilika	Langgestreckter dreischiffiger Rechteckbau – in römischern Zeit Sitz von Börse und Gericht, in christlicher Zeit Kirchengebäude
Bema	Platz im Mittelschiff für Altar und Priesterschaft
Bilingue	Zweisprachig abgefaßte Inschrift
Emir	Arabischer Ehrentitel: Fürst, Statthalter u. ä.
Naos	Kultraum des antiken Tempels mit dem Kultbild
Donjon	Hauptturm einer mittelalterlichen Burganlage
Fresko	Wandmalerei auf feuchtem Kalkputz
Glacis	Schräge Aufmauerung vor einer Festungsmauer
Kalifat	Würde der Kalifen, der anerkannten Nachfolger des Propheten Mohammed als Oberhaupt der Muslime
Kolonnade	Säulengang, Säulenhalle
Krypta	Grabanlage unter einer Kirche
Mausoleion	Monumentaler Grabbau, benannt nach dem Grabmonument des Maussolos von Halikarnassos
Medrese	Islamische Hochschule, Koranschule einer Moschee
Metope	Bildfeld am Gebälk antiker Tempel
Mihrab	Nach Mekka gerichtete Gebetsnische einer Moschee
Narthex	Vorhalle einer christlichen Basilika
Nekropole	Gräberbezirk außerhalb einer antiken Stadt
Oktogon	Achteckiger Zentralbau
Orthostat	Aufrecht stehender Steinblock, oft mit Relief

Peristyl	Von Säulenhallen umgebener Innenhof eines Gebäudes
Pilaster	In eine Wand eingebundener Halbpfeiler
Portikus	Eine von Säulen getragene Vorhalle
Propylon	Freistehende große Toranlage oder Eingangshalle
Stele	Grabsäule mit Inschrift oder Totenbildnis
Suk	Markt, Marktviertel einer islamischen Stadt
Tell	Durch ständige Bebauung und Überbauung entstandener frühgeschichtlicher Siedlungshügel
Tetrapylon	Torbau an den Hauptkreuzungen einer antiken Stadt
Thermen	Überdeckte Badeanlage der römischen Zeit
Triglyphe	Strukturierendes Feld zwischen den Metopen
Zwinger	Burgbereich zwischen Vor- und Hauptmauer

LITERATURAUSWAHL

Für eine intensivere Beschäftigung mit einzelnen Ausgrabungsstätten sind Fachzeitschriften heranzuziehen wie die «Annales Archéologiques Arabes Syriennes» und die «Damaszener Mitteilungen».

Bahnassi, A., *Die Kunst des Alten Syrien*, Stuttgart 1987

Balty, J., *Mosaiques antiques de Syrie*, Brüssel 1977

Balty, J. Ch., *Guide d'Apamée*, Brüssel 1981

Bermant, Ch. / Weitzmann, M., *Ebla. Neu entdeckte Zivilisation im Alten Orient*, Frankfurt 1979

Browning, I., *Palmyra*, London 1979

Gaube, H., *Die syrischen Wüstenschlösser. Einige wirtschaftliche und politische Gesichtspunkte zu ihrer Entstehung*, Zeitschrift des Deutschen Palästina-Vereins 95 (1979) 182–209

Gaube, H. / Wirth, E., *Aleppo. Historische und geographische Beiträge zur baulichen Gestaltung, zur sozialen Organisation und zur wirtschaftlichen Dynamik einer vorderasiatischen Fernhandelsmetropole*, Wiesbaden 1984

Kalter, J. / Pavaloi, M. / Zerrnickel, M., *Syrien. Mosaik eines Kulturraumes* (Ausstellungskatalog), Stuttgart / London 1991

Karnapp, W., *Die Stadtmauer von Rusafa*, Berlin 1976

Klengel, H., *Geschichte und Kultur Altsyriens*, Wien / Leipzig 1980

Klengel, H., *Syrien zwischen Alexander und Mohammed. Denkmale aus Antike und frühem Christentum*, Wien / München 1987

Land des Baal. Syrien – Forum der Völker und Kulturen (Ausstellungskatalog), Mainz 1982

Mayer, H. E., *Geschichte der Kreuzzüge*, 7. Aufl., Stuttgart 1989

Meinecke, M., *Die mamlukische Architektur in Syrien*, Glückstadt 1992.

Müller-Wiener, W., *Burgen der Kreuzritterzeit im Heiligen Land, auf Zypern und in der Ägäis*, München / Berlin 1966

Odenthal, J., *Syrien. Hochkulturen zwischen Mittelmeer und Arabischer Wüste*, 7. Aufl., Köln 1994

Orthmann, W., *Der alte Orient*, Frankfurt / Berlin 1985.

Palmyra. Geschichte, Kunst und Kultur der syrischen Oasenstadt (Ausstellungskatalog), Linz 1987

Rotter, G., *Syrien*, Nürnberg 1995
Ruprechtsberger, E.M., *Syrien. Von den Aposteln zu den Kalifen* (Ausstellungskatalog), Linz 1993
Sack, D., *Damaskus. Entwicklung und Struktur einer orientalisch-islamischen Staat*, Mainz 1989
Schami, R., *Der fliegende Baum*, Kiel 1986
Schami, R., *Ma'lula. Märchen und Märchenhaftes aus meinem Dorf*, Kiel 1987
Schmidt-Colignet, A. (Hrsg.), *Palmyra. Kulturbegegnung im Grenzbereich*, Antike Welt 26 (1995) Sondernummer
Tschalenko, G., *Villages antiques de la Syrie du Nord. Le massiv du Bélus a l'époque romaine*, 3 Bde., Paris 1953–1958
Usama ibn Munqid, *Die Erlebnisse des syrischen Ritters Usama ibn Munqid. Unterhaltsames und Belehrendes aus der Zeit der Kreuzzüge*, Leipzig/Weimar 1981
Wirth, E., *Syrien. Eine geographische Landeskunde*, Darmstadt 1971

ABBILDUNGSNACHWEIS

Verfasser und Verlag danken folgenden Personen für die freundliche Bereitstellung von Bildern und die Genehmigung zur Reproduktion:
Andreas Schmidt-Colignet, Bern: S. 44
Barbara Tolle, Tübingen: S. 18/19, 23, 25, 27, 48, 56, 57, 78, 79, 81, 83, 84/85, 91, 96/97, 101, 110, 120, 121, 124, 134, 141, 144–148, 156, 165, 167–170, 174
Alle übrigen Aufnahmen stammen vom Verfasser.
Die Karte zeichnete Barbara Tolle nach einem Entwurf des Verfassers.

DER AUTOR

Jörg Wagner, geboren 1943 in Dresden, ist Historiker und Archäologe aus Leidenschaft. Nach seinem Studium der Geschichte, Klassischen Archäologie und Sportwissenschaft promovierte er über die antike Brückenstadt Seleukeia am Euphrat / Zeugma. An der Universität Tübingen arbeitete er unter anderem als Projektleiter des Sonderforschungsbereichs «Tübinger Atlas des Vorderen Orients» und war an den Ausgrabungen in Kommagene (Arsameia, Nemrud Daği) beteiligt.

Der Autor zahlreicher Fachpublikationen veröffentlichte auch etliche populärwissenschaftliche Werke über die Geschichte, Kunst und Kultur Kleinasiens.